Matthias C. Bettex

Entwicklungspsychologische Grammatik

Matthias C. Bettex

Entwicklungspsychologische Grammatik

Bibliografische Information der Deutschen Nationalbibliothek: Die Deutsche Nationalbibliothek verzeichnet diese Publikation in der Deutschen Nationalbibliografie; detaillierte bibliografische Daten sind im Internet über dnb.d-nb.de abrufbar.

ISBN: 978-3-9818451-0-5

Life Consult SPS KG

KomBi
Verlag für Kompetenz und Bildung

2016

Anschrift: Pforzheimer Str. 186, 76275 Ettlingen
info@life-consult.org ◆ www.life-consult.org

Inhalt

Vorwort

Im Zusammenhang des Projekts „Werkstatt grammatische Psychologie“ war und ist es mir als psychoanalytischem Psychotherapeuten ein Anliegen, die Metapsychologie der Psychoanalyse erst noch einmal genau zu studieren, bevor ich mich in Weiterungen hinein begebe, die daraus zu folgern sind. Denn schließlich hat Sigmund Freud seine Psychoanalyse nicht auf irgendwelche naturwissenschaftlichen Ergebnisse gegründet, sondern er hat ihr eine geisteswissenschaftliche Grundlage in seiner *Metapsychologie* gegeben, auf die er dann alle seine physikalisch gedachten „psychischen Mechanismen“ bezog.

Zweitens wollte ich mir das Menschenbild in Psychoanalyse und Bibel noch einmal genauer ansehen: Immer wieder wurde mir hauptsächlich von Seelsorgern entgegengehalten, tiefenpsychologische Psychotherapie und Seelsorge seien nicht miteinander vereinbar, weil sie von unterschiedlichen Menschenbildern ausgingen. Diesem „Unterschied“ wollte ich auf den Grund gehen und ihn explizieren, um ihn diskutierbar zu machen und damit der Stagnation des Dialogs an dieser Stelle entgegenzutreten. Meine Idee und Aufgabe für dieses Buch war, zwei zentrale mythologische Erzählungen von Psychoanalyse und christlich-jüdischer Frömmigkeitstradition miteinander zu vergleichen, um aus ihnen jeweils das sich ergebende Menschenbild - und darin vor allem die jeweils zentrale Konfliktproblematik des Menschen - im kontrastierenden Vergleich darzustellen.

Ein drittes Moment lag darin zu untersuchen, ob sich aus den Inhalten griechischer und hebräischer Denk- und Darstellungsweise über den Menschen eine gleiche modale Struktur, ein Kategoriensystem oder ein System von Existentialien ableiten lässt, das einen formalen Vergleich logischerweise erst legitimiert.

In Bezug darauf ging es mir noch um einen vierten Gesichtspunkt: Ich wollte aufzeigen, dass die Psychoanalyse, die - so hart das klingen mag - nur in einem grundlegenden Missverständnis ihres Gegenstandes eine „Naturwissenschaft“ genannt werden kann, mit einer anderen Wissenschaftsmethode, nämlich einer auf der Grammatik unserer Sprache beruhenden Sozialgrammatik, viel besser bedient wäre. Denn in der Grammatik unserer Sprache sind schließlich alle die Kategorien enthalten, die wir benötigen, um psychische Sachverhalte klar zu kommunizieren. Und diese Kategorien haben sich in einem Generationenprozess des differenzierten Zusammenspiels von Natur,

Psyche und Geist des Menschen entwickelt und zusammen mit dem menschlichen Welt- und Selbsterleben differenziert, so dass sie heute menschliches Erleben präziser wiedergeben können als jedes andere System, das Wissenschaftler sich ausdenken können.

Das Ergebnis der anthropologischen Untersuchung war für mich selbst insofern verblüffend, als eine Unvereinbarkeit zweier unterschiedlicher Menschenbilder nicht ausfindig zu machen war, sondern dass beide mythischen Denkweisen, jede auf ihre Weise, in ganz gleichem Sinne über die Grundbefindlichkeit des Menschen, über seinen Grundkonflikt und über seine „Hybris" respektive „Sünde" sprechen. Diese beiden Zentralbegriffe, „Hybris" im griechischen Denken und „Sünde" im hebräischen Denken, sprechen von der Krise des Menschen, seinem Grundkonflikt und seinem Aufbegehren gegen seine Existenz in ganz gleicher Weise.

Berlin, im Juni 2016
Matthias C. Bettex

Ödipus

Die Metapsychologie der Psychoanalyse

Der Jude Sigmund Freud hat der Urgeschichte der biblischen Anthropologie, nämlich den beiden Erzählungen von Adam und Eva und von Kain und Abel, einen griechischen Mythos sozusagen konkurrierend gegenübergestellt: den Mythos vom König Ödipus. Diese uralte Sage, die schon in unterschiedlichen Versionen vorlag, wurde zunächst von Aischylos (525-456 v.Chr.) als Mittelstück in eine Trilogie eingebunden, die den sich fortzeugenden und sich rächenden Geschlechterfluch zum Thema hatte. Später, etwa um 442 v.Chr., schrieb Sophokles (497-406 v.Chr.) das klassische Drama „Antigone". Antigone ist eine von zwei Töchtern des Ödipus. Sie nimmt sich im Kampf um die Ehre ihres toten Bruders Polyneikes das Leben. Und schließlich gibt Sophokles dann etwa 15 Jahre später sozusagen rückwirkend auch dem Mythos vom König Ödipus selbst seine bis heute geltende klassische Gestalt.

Einen Mythos wie diesen versteht man leichter, wenn man sich klar macht, dass die Denkform solcher Dramen darin besteht, existentiale und philosophische Aussagen in die Form vorzeitlicher sinnbildlicher Geschichten zu kleiden. Man kann sich in deren Vermittlungsform besser hineindenken, wenn man sich klar macht, dass sie als Bühnenstücke für das Theater geschrieben wurden. Dazu gab es einen Chor, der entscheidende emotionale Inhalte einzelner Abschnitte mit Weherufen oder Trauergesängen kommentierte. So sollten dem Zuschauer wesentliche Inhalte weniger durch realistisch verstandene Geschichtsschreibung oder logische Ableitungen als durch emotional ansprechende Bilder und durch die Hineinnahme in ein inneres Geschehen vermittelt werden.

Würde man in einem logischen System nach Ursachen und Folgen, nach Bedingungszusammenhängen und Gründen fragen, so entspräche dem in der Erzählung der Mythen, die zu vermittelnden Zusammenhänge im Medium ihrer künstlerischen Vergeschichtlichung aufzuzeigen. So ähnlich kennen wir es auch aus unseren Märchen und Träumen, die uns tiefgreifende Zusammenhänge bildlich-erzählend, also weniger logisch-rational, dafür aber um so unmittelbarer und erlebnisbezogener vermitteln wollen. Wir gehen solchen Denkfiguren auch in der Psychoanalyse sozusagen „rückwärts" nach, indem wir uns mit einem

Patienten über die Assoziationsmethode in seine Bildwelt hineinbegeben, bis wir deren innere Logik und Aussagekraft erkennen und sie für das Verständnis seiner Gesamtsituation nutzen können.

Schon Sigmund Freud leitete seine psychoanalytischen Grundannahmen aus solch einer ästhetisch und phänomenologisch zu verstehenden „Geschichtslogik“ ab, obwohl er vor hatte, die „Chemie der seelischen Prozesse“ zu entdecken und damit die Psychotherapie als eine *Naturwissenschaft* zu begründen. Dabei verstand er sich gern als „Archäologen“. Er hatte bemerkt, was er aber begrifflich noch nicht fassen konnte: dass die Inhalte, die er beforschte, sich eines naturwissenschaftlichen Zugriffs entzogen, dass sie zugleich aber dennoch einer zu entdeckenden Logik folgten. Er hoffte, dass man sich deswegen sowohl in der psychologischen Wissenschaft als auch in der angewandten Therapie „übergangsweise“, wie er meinte, einer eigenen phänomenologisch orientierten Methode bedienen müsse, bis man sie naturwissenschaftlich begründen und damit die zu ihrer Erklärung hilfsweise eingeführte Metapsychologie und Phänomenologie zusammen mit ihrer „Scheinwirklichkeit“ erübrigen könne. Auch seine Triebkonzeption lässt sich nur schwerlich als „naturwissenschaftlich“ bezeichnen, weil das, was er unter „Trieb“ versteht, im konkreten Fall intentional auf subjektiv zu erreichende „Triebziele“ gerichtet ist. Solche Ziele aber sind als psychologischer Gegenstand schon immer inhaltlicher Natur und werden nur im Zusammenhang einer individuellen und subjektiven Bedeutungsgeschichte verständlich, und damit wollen sie in einen naturwissenschaftlichen Rahmen nicht mehr so recht passen.

Im Grunde sucht die psychoanalytische Wissenschaft noch heute nach einem ihrem Gegenstand angemessenen, eigenen wissenschaftlichen Paradigma, das diesem assoziativen ästhetischen beziehungsweise bildhaften Zusammenhang gerecht werden kann, ohne dabei auf den Anspruch einer nachvollziehbaren wissenschaftlichen Methode zu verzichten. Denn schließlich finden wir ja auch in der konkreten psychotherapeutischen Arbeit, dass die entscheidenden psychodynamischen Prozesse durch ihren mehr oder weniger verborgenen, *subjektiven Bedeutungsgehalt* nicht nur motiviert sind, sondern dass sie sich uns auch nur über diesen erschließen und erschlossen werden können.

Viktor von Weizsäcker (1886-1957) als Begründer der „Biographischen Medizin“ hat solch eine eigene Wissenschaftsmethode zu bestimmen versucht, indem er der naturwissenschaftlichen Medizin eine „psychologische“ oder „biographische" Medizin antithetisch gegenüberstellen wollte. Aber dieses Anliegen von Weizsäckers wurde kaum je prinzipiell, also als eigenständiges Wissenschaftsprinzip, verstanden, sondern seine Gedanken und die mit ihrer Hilfe herausgearbeiteten Ergebnisse wurden im Großen und Ganzen für eine sich psychoanalytisch, natur- oder sozialwissenschaftlich verstehende Medizin vereinnahmt.

Wir wollen hier zunächst versuchen, den Ödipusmythos in der ästhetischen Herleitung seiner Zusammenhänge und Abläufe zu verstehen, wie ihn auch der Zuschauer und Hörer seinerzeit verstanden haben mag. Und ebenso werden wir danach versuchen, die Erzählung von Kain und Abel innerhalb ihres eigenen Sinnhorizontes des hebräischen Denkens zu deuten. Wir werden ferner mit Hilfe einer zu entwickelnden „grammatischen Methode“ versuchen, die Grundaussagen des Ödipusmythos in die Kainsgeschichte und vice versa zu transformieren, um zu prüfen, was die grundsätzlichen Aussagen beider Mythologien über den Menschen sind und worin sie gegebenenfalls voneinander abweichen oder einander widersprechen.

Die Geschichte des Ödipus

Sie beginnt mit einem Fluch, der seinen Vater, König Lajos von Theben, eines Vergehens wegen trifft. Der Fluch wird zuerst von Pelops ausgesprochen, einem Freund der Götter und Onkel des Lajos:

> *Wenn Lajos je einen Sohn zeugen würde, solle dieser Sohn ihn umbringen und seine eigene Mutter schänden.*

Dieser Fluch wird später durch das delphische Orakel, das heißt vom Gott Apoll, bestätigt. Der Fluch bildet den Rahmen, innerhalb dessen die Dynamik dieser Tragödie sich entfaltet.

Pelops hat verflucht. Aber er ist nur ein Mensch. Seine Worte und sein Geist gehören der Dimension des *Scheins* der Wirklichkeit an und können trügen. Nun aber tritt Apoll in Gestalt des delphischen Orakels auf: ein Gott, dessen Worte wahr sind. Sie sind im *Sein* der Wirklichkeit gegründet. Apoll bestätigt den Fluch. Dadurch entfaltet sich aus dem menschlichen Schicksal des Ödipus eine Tragödie zwischen Göttern und Menschen. Es geht um die schicksalshafte Verwobenheit der beiden Ebenen des Scheins und des Seins miteinander als einer Wirklichkeit, die sich existentiell nicht in ihre göttlichen versus menschlichen „Bestandteile“ zerlegen lässt. Es wird gezeigt, wie der „hybrische“ Mensch, dem auf sich selbst gestellt nur die Dimension des Scheins der Wirklichkeit zugänglich ist, trotz bester Gesinnung zu einem Mörder seines Vaters und Schänder seiner Mutter wird, weil ihm der Seinsbezug zur Wahrheit der Wirklichkeit als zur Wahrheit der Götter fehlt.

Trotz des an Lajos ergangenen Fluchs wird Ödipus als Sohn des Königs Lajos und seiner Ehefrau Jokaste gezeugt und geboren. Er ist es also, der entsprechend der Prophezeiung seinen frevelhaften Erzeuger töten und seine Gebärerin schänden wird. Aber das soll nach Lajos' Willen weder er noch irgend jemand wissen oder erfahren. Darum überredet Lajos Jokaste, dem Knaben nach der Geburt die Fersen zu durchstechen und ihm die Füße zu binden. Dann wird ein Hirte beauftragt, ihn im Gebirge Kithairon auszusetzen. Die Geier sollen ihn fressen, bevor der Fluch des Pelops und des Orakels Apolls in Erfüllung gehen kann. So eröffnet Lajos aktiv den Kampf gegen die Götter. Er glaubt, sich auf diese Weise ihrem Gesetz entziehen zu können. Er holt sich Jokaste ins Bett, um mit ihr zu schlafen. Zugleich aber will er die ihm angedrohte Folge dieser Tat unschädlich machen, indem er das gezeugte Baby zur Vernichtung aussetzt.

Lajos glaubt zu vernichten, indem er den Säugling aus seiner Gegenwart *verdrängt*. Auf diese Weise konstelliert er eine „doppelte Wirklichkeit“. Die eine Wirklichkeit, die er will; sie ist sozusagen seine öffentliche und politische Schein-Wirklichkeit. In ihrem Gedächtnis besteht kein Wissen von einem lebenden Sohn. Aber dann gibt es noch die andere, verdrängte, scheinbar zunichte gemachte Wirklichkeit. Sie ist aufgrund ihrer Verdrängung dem weiteren Zugriff des Lajos entzogen. Mit ihrer Abspaltung hat er, ohne es zu ahnen, genau den Willen der Götter, die *seine* Vernichtung wollen, in Gang gesetzt.

Der Knabe, diese unerkannt verbliebene Frucht seines Tuns, bleibt leben. Er taucht an anderer Stelle wieder auf, und zwar auch als ein Königssohn und auch als ein erkorener Erbe der Königswürde, aber doch irgendwie „falsch“, ohne Verwurzelung in seiner ihm unbewussten Wirklichkeit. Er findet Gnade bei dem Hirten, der ihn aussetzen soll. Der setzt ihn nicht zum Fraß für die Geier aus, sondern nährt und entfesselt ihn. Dann gibt er ihn in die Obhut eines weiteren Hirten. Dieser ist ein Hirte des korinthischen Königshofs. Das kinderlose Königspaar, Polybos und Merope von Korinth, nehmen den Jungen an Kindes statt an. Aufgrund seiner durchstochenen Fersen erhält er den Namen „Ödipus“, was traditionell mit „Schwellfuß“ übersetzt wird; es kann aber auch „Der alles weiß“ bedeuten. Nun wächst er in Korinth in einer kompletten Scheinwirklichkeit auf: als Sohn des korinthischen Königshauses. Er wird von seinen Adoptiveltern im Glauben gehalten, dass er ihr leibliches Kind sei. Damit ist der Sieg des Lajos über Apoll und seinen Wahrspruch *scheinbar* gelungen.

Es gilt festzuhalten: Der Mythos beginnt mit der Anordnung zweier Wirklichkeits- oder Wahrheitsebenen. Im System der Psychoanalyse entsprechen diese beiden Ebenen denen des Unbewussten und des Bewussten: Ödipus' Existenz wird von zwei Elternpaaren bestimmt, von seinen ihm unbekannten *biologischen* Eltern und seinen vermeintlich „richtigen“, die tatsächlich seine *sozialen* Eltern sind. Entsprechend unserer später noch zu erläuternden Interpretation sei hier schon angemerkt, dass wird die biologischen Eltern zugleich als die *„vorsprachlich impliziten“* und die sozialen als die *„sprachlich expliziten“* Eltern ansehen.

Es gibt eine naturhaft verankerte Wirklichkeit, aus der Ödipus *biologisch* stammt. Das ist auch die Welt, in der die Götter unerkannt regieren. Es gibt zum andern eine gesellschaftlich konstruierte Wirklichkeit, die dem Grad der Erkenntnis der zu dieser Welt gehörenden Menschen entspricht. Hinter dieser *sozial* konstruierten „Schein“-Wirklichkeit bleiben die wahren Zusammenhänge des „Seins“ verborgen. *Die explizite Welt der Menschen strebt ihre Befreiung von der Unterworfenheit unter die Natur und deren Götter an, während die implizite Welt der Menschen sich nach dem Trost der Eingebundenheit in gerade diese Natur und ihre Götter sehnt.* Das sind die beiden Mächte, die wir gleichermaßen in Ödipus wirken sehen, und die im Wesentlichen den Fortgang seines Lebensdramas bestimmen.

Besonders in der *impliziten* Welt und ihrer Geborgenheit finden wir die Quelle der Intentionen, die Freud in seiner Triebtheorie als *Libido* beschreibt. Zugleich finden wir in der *expliziten* Welt das Rätsel von Neugier, Macht und Zerstörung, dem Freud mit seiner Intuition eines eigens zu denkenden Todestriebs gerecht zu werden suchte. Ebenso findet sich in dieser dialektischen Dualität auch die Bindungstheorie mit ihrem „rückwärts gerichteten“ *Bindungsbedürfnis* und ihrem „nach vorn gerichteten“ *Explorationswillen* wieder.

Bis jetzt bleibt Ödipus die Wahrheit seiner Wirklichkeit verborgen. Sie wird vorerst nur in einem „nichtöffentlichen Bewusstsein“, im verdrängten oder abgespaltenen Wissen Lajos' und Jokastes, und dem geleugneten Wissen Polybos' und Meropes repräsentiert. Außerdem gibt es da noch das verschwiegene Wissen der beiden Hirten, sozusagen seiner Schutzengel, die Ödipus aus der Todesgefahr ins gesellschaftliche Leben hinüber gerettet haben.

Als Ödipus aber erwachsen wird, findet ein Fest mit ausgiebigem Gelage statt, bei dem ihm ein Betrunkener andeutet, dass er nicht das Kind seiner Eltern sei. Ödipus ist beunruhigt. Er kann das Gerede nicht nur für Geschwätz halten. Als er von seinen Eltern Polybos und Merope keine befriedigende Antwort erhält, befragt er darum das Orakel, wer er sei. Aber auch das Orakel antwortet nicht auf diese seine Frage, sondern sagt ihm, dass er seinen Vater erschlagen und seine Mutter schänden wird. *Um das zu verhindern, verlässt er seine Heimat* und setzt gerade dadurch das ihm prophezeite Schicksal in Gang. Es handelt sich hier um ein wesentliches Thema, das für das griechische wie auch jüdische Denken von zentraler Bedeutung ist. Es geht um die Frage, wie es zu dem Verhängnis kommt, dass der Mensch trotz seiner Absicht, das seiner Erkenntnis nach Gute und Richtige zu tun, und manchmal sogar gerade dadurch, immer wieder die Zerstörung gerade des Guten, das er erstrebt, bewirkt.

Oft wird das menschliche Emanzipationsbestreben als eine Form von Flucht, Aufstand, Rebellion beschrieben und auf geheimnisvolle Weise mit einer „Urschuld“ verbunden. Generell beginnen viele Tragödien damit, dass der tragische Held seine Heimat und damit sein ursprüngliches Eingebundensein verlässt. Dieses Verlassen wird wechselweise oder auch gleichzeitig als der Beginn seiner Befreiung oder/und als Zeichen seines störrischen Ungehorsams und Beginn seines Untergangs beschrieben. *Hier also, im Duchbrechen der ursprünglichen Eingebundenheit, liegt die emanzipatorische Potenz, die in ein besseres Reich der Freiheit oder in den Untergang der eigenen Existenz führt.* Das ist eine der Essenzen, die wir aus der mythologischen Anthroplogie ziehen und die wir später als ein Spezifikum menschlicher Existenz und als ein Kennzeichen seines Grundkonflikts aufzeigen wollen.

Hier im Ödipusmythos ist eindeutig, dass Ödipus selbst seinen Kampf nicht als Rebellion gegen die Götter oder seine Eltern versteht, sondern im Gegenteil: er trifft mit dem Verlassen seines Vaterhauses eine ethisch reflektierte Entscheidung gerade zur *Wahrung* seiner Einheit mit den Göttern und seinem Vaterhaus. Die Tragik seiner Geschichte besteht aber darin, dass er den Zusammenhang nicht kennt, innerhalb dessen der über ihm ausgesprochene Fluch gilt. Er weiß weder, wer eigentlich seine wahren Eltern sind, noch weiß er, gegen wen sich der Fluch, der ihn getroffen hat, eigentlich richtet. Er wird sozusagen Ausdruck und Werkzeug der Sünde seines Vaterhauses, obwohl er seinen Weg in bester Absicht geht. Das meint der von Aischylos verdichtete „Geschlechterfluch“, dem er in seinem Ödipusdrama Gestalt gegeben hat. Und nichts Geringeres als dieses Problem hat Freud mit seiner Psychoanalyse zu lösen in Angriff genommen: Ob es möglich sei, dem göttlichen Schicksal zu entkommen, oder ob es wenigstens möglich sei, ihm in Freiheit gegenüberzutreten. Wenn Freud sagt: „Wo ES ist, muss ICH werden“, so ist in dieser kurzen Formel im Grunde das gesamte emanzipatorische Programm angesprochen und die innere Faszination, die diesem Programm ihre mythisch-emanzipatorische Macht verleiht.

Ödipus wendet sich nach Theben. In einem Tal an einem Kreuzweg begegnet er einer voll besetzten herrschaftlichen Kutsche, der ein Herold vorausreitet. Der Wagenlenker der fremden Kutsche treibt Ödipus gewaltsam aus der Bahn, der wehrt sich und schlägt auf den Wagenlenker ein. Darauf greift auch der Alte im Wagen ihn an. Ödipus gerät in unbändigen Zorn und erschlägt den fürstlichen Herrn, dann auch den Wagenlenker und drei weitere Mitfahrer, nur der Herold entkommt. Ödipus weiß nicht, dass der fürstliche Mann, den er gerade erschlug, sein Vater war.

In Theben wird infolge des Todes von König Laios durch einen unbekannten Täter dessen Schwager Kreon, der Bruder von Jokaste, der biologische Onkel des Ödipus, stellvertretender Herrscher von Theben. Als Ödipus nichts ahnend nach einiger Zeit dort eintrifft, hört er, dass Kreon die Hand der verwitweten Königin Jokaste samt der Königsherrschaft dem anbietet, der Theben von der mordlüsternen Sphinx befreit. Die Sphinx stellt ihren Opfern ein Rätsel, und wer es nicht löst, den verschlingt sie. Das Rätsel heißt: "Was ist es, das eine Stimme hat und vierbeinig, zweibeinig und dreibeinig wird?" Ödipus löst das Rätsel der Sphinx: „Es ist der Mensch!“ Darauf hin stürzt sich die Sphinx von ihrem Felsen und stirbt. Theben ist befreit. Wir hatten zu Anfang darauf hingewiesen, dass der Name „Ödipus“ auch „Der alles weiß“ bedeuten kann. Wenn Sophokles tatsächlich diesen Sinngehalt meint, so würde damit ausgesagt, dass Ödipus auf seinem Weg zur wahren Erkenntnis seiner selbst als Mensch kommt.

Nun nimmt das Schicksal seinen Lauf. Ödipus heiratet die Königin Jokaste ohne zu wissen, dass es seine Mutter ist. Mit ihr zeugt er zwei Söhne, Eteokles und Polyneikes, und zwei Töchter, Antigone und Ismene. Bis dahin ist aus der Sicht des Ödipus scheinbar „alles in Ordnung“: Er ist der Befreier von Theben, dessen rechtmäßiger Herrscher und der Gemahl der Witwe des ermordeten Königs Lajos, Jokaste. So weit die Ebene des Scheins. Aber der Schein dieses erkämpften Friedens trügt: In Theben bricht eine Seuche aus. Kreon wird nach Delphi gesandt, um das Orakel zu befragen. Er kehrt zurück und scheint etwas zu ahnen. Er zögert, Ödipus die Botschaft des Orakels mitzuteilen. Als Ödipus ihn bedrängt, antwortet er, dass Theben solange an dieser Pest leiden wird, bis die Blutschuld, die auf dem Lande liegt, aufgedeckt und gesühnt ist. Der daraufhin von Ödipus eingeleitete Gerichtsprozess führt zur Aufdeckung seiner eigenen Schuld. Jokaste erhängt sich in ihrem Schlafzimmer und Ödipus sticht sich mit zwei goldenen Nadeln aus ihrem Gewand die Augen aus.

> „Zwei goldene Nadeln, welche ihr Gewand verschlossen, riss er aus und hob sie hoch und stieß sie in der Augen weiten Kreis und rief: ‘Nun könnt ihr nie die Übel sehn, die ich erfuhr und die ich selbst getan!’“[1]

Dann verlangt Ödipus von Kreon, getötet und am Ort seiner Geburt, im Kithairongebirge, begraben zu werden. Aber Kreon weigert sich:

> *Kreon:* „Getrost, es wäre schon geschehen, doch erst sei des Gottes Meinung noch erfragt!“
> *Ödipus:* „Apollon tat schon seinen ganzen Spruch; der Vatermörder ist dem Tod geweiht.“
> *Kreon:* „So hieß es damals, doch die neue Not will neue Weisung aus des Gottes Mund.“

---

[1] Sophokles, *König Ödipus,* in d. Versmassen d. Urschrift ins Dt. übertr., u. mit Anm. versehen von Curt Woyte (Reclam: Leipzig, 1952), 59.

Ödipus: (höhnisch zu den Umstehenden): „Um diesen Edelmann habt ihr gesandt ..."
Kreon: "Zum Gott, dem du nun selber ganz vertraust."[2]

Ödipus ist verzweifelt. Mit seiner Selbstblendung hat er seiner Geschichte der Verwechslung des trügerischen Scheines mit der wahren Wirklichkeit des Seins ein Ende gesetzt. Aber Kreon „hält ihn an". Ein Psychotherapeut würde dem Sinne nach etwa sagen: „Komm, entspann dich. Vergiss, was sie und du über dich sagen. Lass deine Anspannung von dir abfließen und atme aus ... spür in dich rein, bleib einfach da in dir und dem Stillwerden!" Kreon geht mit ihm selbst in dieses Stillwerden und Hören - „zum Gott, dem *du nun selber* ganz vertraust"!

Kreon ist auf die implizite, vorsprachlich Ebene gekommen und hat sich mit dort mit Ödipus „abgestimmt". Er ist *Ödipus* dort begegnet und hat dem Kern dieser Begegnung Worte gegeben. Ödipus ist in der Wahrheit seiner Wirklichkeit angekommen! Hierin liegt das erste therapeutische Ziel in einer psychoanalytischen Psychotherapie. Und dann kommt ein zweites, das im ersten als Keim schon enthalten ist: „neue Not will neue Weisung aus des Gottes Mund."

Der Sinn spiritueller und psychoanalytisch begründeter psychotherapeutischer Begleitung ist nicht, dass der Therapeut mit seiner Meinung und seiner Welterklärungstheorie sich an die Stelle des nicht präsenten oder versagenden oder brutalen Vaters als der „gute Vater" setzt - das kann er nur übergangsweise im Zuge der Übertragung tun. Sondern der Sinn besteht letztlich darin, dass er den Patienten oder Ratsuchenden in die „Freiheit" seiner Verantwortung führt. Es ist zuerst die Freiheit des Hörenden. Denn wer nicht hören kann oder will, entzieht sich von vornherein der Antwort auf die Frage seines Lebens, die er, und nur er selbst, finden und geben kann.

Am Ziel des Weges hat Ödipus das Rätsel seines Lebens, das Rätsel seiner Sphynx gelöst. Er ist in der Wahrheit seiner Existenz angekommen und damit befreit, nach einem neuen Wort Gottes an ihn zu fragen.

[2] Ebd., 65.

Resümee

Die Wirklichkeit des Ödipus spielt sich auf zwei Ebenen ab, die dem griechischen Denken geläufig waren: auf der erkennbaren Ebene des Scheins, in der wir als normale Menschen uns bewegen, und unter dieser Ebene verborgen in der eigentlichen, wahren Dimension des Seins, die Ödipus und uns allen im Allgemeinen verborgen und unbewusst ist, durch die aber zugleich unsere Geschicke gelenkt werden. Diese Welt des Seins ist nicht eine statische, naturwissenschaftliche, zeitlose Welt, sondern eine geistige Welt der wahren Ziele, Intentionen und Zusammenhänge, die sich hinter unserer Alltagswelt und unserem landläufigen Verstehen verbergen.

Solange *Ödipus* nur das sieht, was vor Augen ist, befindet er sich in der Ebene des Scheins, der bloß äußerlichen Wahrnehmung. Er wird versuchen, auch die *wahren* Probleme auf einer Scheinebene zu lösen. Darin bleibt ihm der Sinn des Ganzen als ein unverständliches Schicksal verschlossen. Will er die wahren Verflechtungen und treibenden Kräfte erkennen, muss er in die Seinswelt der Wahrheit eintreten und die oberflächliche Welt des Scheins hinter sich lassen.

Für Ödipus gilt in vielem ein kleiner Satz Viktor von Weizsäckers: „Ja, aber nicht so!" Er ist zwar ein Königssohn, aber nicht so, wie er es meint. Er ist nicht durch die ein Königssohn, die ihn als ihren Sohn deklarieren. Dem *Anschein* nach glaubt er zu Recht, der Sohn von Polybos und Merope von Korinth zu sein. Darum meint er, dem auf ihm liegenden Fluch entkommen zu können, wenn er Korinth verlässt und sich nach Theben begibt. Aber seine wahre Wirklichkeit wird gerade durch die tiefer liegende Wahrheit Thebens repräsentiert. In ihr ist er biologisch verankert und auf sie bezieht sich der Wahrspruch der Götter. Diese seine wahre Wirklichkeit holt ihn ein, ihr kann er nicht entfliehen. Erst wenn er nicht mehr der Scheinwelt dessen aufsitzt, was vor Augen liegt, und erst da, wo er sich für die Oberflächenwelt blendet, gehen ihm die Augen auf für die wahre Wirklichkeit seiner Existenz, die zugleich die wahre Wirklichkeit der Götter ist.

Drei Kräfte bestimmen seine Existenz:

- Seine ethische Erkenntnis und der Wille, das Richtige zu tun, nämlich an der Negativprophezeiung vorbei sein Ziel zu erreichen: dem Übel auszuweichen, die Unterdrückung zu überwinden und Frieden zu stiften.

- Die ihm nicht bewusste, unvollendet wirksame Geschichte seiner Eltern Lajos und Jokaste in ihm. Ihr Ausscheren aus der Zustimmung der Götter wirkt als destruktive Macht in ihm fort, die sich gegen ihn wendet.
- Die Spaltung seiner Existenz in einen kleineren bewussten Anteil und einen größeren unbewussten. Seine Existenz wird aus dem weit größeren unbewussten Teil bestimmt, und dieser Anteil behält zumindest so lange die Übermacht in ihm, bis er dessen Wahrheit erkannt und sich auf sie eingelassen hat.

Erst im endgültigen und offensichtlichen Scheitern seiner Intention wird Ödipus hörfähig, erst dann erschließen sich ihm die wahren Zusammenhänge. Hier spielt der Mythos mit einem Bild, das schon in der Sprache angelegt ist und das Ödipus mit seiner Selbstblendung vollzieht: „μύω“ (myo) heißt „die Augen verschließen“. Das ist derselbe Wortstamm wie in dem Wort „Mystiker“:

> *Er verschließt mit der Selbstblendung die Augen gegenüber dem täuschenden Schein der Wirklichkeit und wird damit zum „Mystiker“, dem die Augen des Herzens für die Wahrheit des Seins geöffnet werden.*

Nun, da an den Tag getreten ist, dass sein Leben in scheinbarem Einsatz für die Wahrheit in Wirklichkeit von Beginn an ein Kampf gegen die Götter war, will er sich selber töten. Aber da taucht wieder diese Gestalt eines „Hirten“ auf, diesmal in Form des Kreon, der die selbstzerstörerische Dynamik in Ödipus unterbricht. Die Hirten hatten Ödipus vor dem Schlimmsten bewahrt, als sie ihn aus dem Kithairongebirge nach Korinth retteten. Und Kreon bewahrt ihn nun wieder davor, sich dem Strudel der Logik seines mörderischen Tuns zu überlassen, wo er doch bereits in der Wahrheit seines Lebens angekommen ist. Jetzt, nachdem sich der verheißene Fluch an Ödipus erfüllt hat, sagt Kreon: „Getrost, es wäre schon geschehen, doch erst sei des Gottes Meinung noch erfragt!“ Kreon stellt der oberflächlichen und tödlichen Erkenntnislogik des Ödipus das „Ankommen in der Wahrheit der Götter“ entgegen. Die teleologische Intention der Götter besteht seiner Aussage nach nicht darin, den zu vernichten, der sich ihnen nicht unterwirft, sondern ihn in einem gemeinsamen Raum von Wahrheit in ihren Dienst zu nehmen.

Wenn Ödipus nun die Augen des Herzens geöffnet sind, dann ist die Tür zu diesem gemeinsamen Raum aufgegangen: Die Götter werden Ödipus eine neues Wort als Lebensimpuls geben.

Ödipus wurde nicht getötet, sondern er soll unter der Herrschaft des Kreon noch lange gelebt haben, bis er schließlich zusammen mit Antigone nach Kolonos in Attika auswanderte und dort starb. Einige mythische Berichte sagen sogar, dass er nicht gestorben, sondern entrückt worden sei.

Inhaltlich können wir als den großen Bogen dieses Mythos festhalten:

1. *Er zeigt auf, dass sich das von den Göttern gesprochene Wort durch den Menschen erfüllt, sei es im Guten oder im Bösen.*
2. *Die Erkenntnisfähigkeit und Macht des Menschen zerstört sich selbst, solange sie sich nicht im Einklang mit der Wahrheit der Götter befindet.*
3. *Die Intentionalität der Selbstbefreiung des Menschen (aus der Vorherrschaft der Götter) wird als „Sein zum Tode“ qualifiziert. Dabei heißt die Grundformel des Mythos - fast banal: Befriedetes Leben gibt es nur zusammen mit den Göttern.*
4. *Der Mensch kann nur eingebunden in die biologisch und geistig gegebene Wahrheit der Götter leben. Außerhalb ihrer zerstört er sich selbst. Der Kern seines Problems liegt darin, sich in diese Wahrheit nicht zu fügen, sondern sich ihr zu widersetzen.*

Verdrängung und Verschiebung

Wenn man genauer verstehen will, was das für Kräfte sind, die Ödipus steuern, dann muss man in seine frühere, seinem Bewusstsein entzogene Geschichte schauen, nämlich in die Geschichte seiner Eltern. Warum muss diese sein Handeln bestimmende Geschichte so im Unglück enden? Hier antwortet der Mythos: Weil seine leiblichen Eltern glauben, an dem Wahrspruch der Götter vorbei leben zu können. Sie glauben, sie könnten die Wirklichkeit manipulieren, indem sie den Säugling, der gegen den Willen der Götter gezeugt wurde, aus ihrer Gegenwart, aus ihrem und dem öffentlichen Bewusstsein verdrängen. Die Eltern - darin ist der Mythos meisterhaft präzis - hoffen zwar, dass ihre Schuld vernichtet ist, wenn sie deren Ergebnis aus ihrem Bewusstsein löschen, aber auch als verdrängtes, verleugnetes Kind bleibt es, verborgen vor ihren eigenen Augen, lebendig und wirksam. Das genau ist es, was die Psychoanalyse „dynamisch unbewusst“ nennt: *Eine Geschichte, die implizit nicht vollendet ist, wird explizit als vollendet oder nicht existent „erklärt“. Dadurch wird oberflächlich eine Realitätsinterpretation aufgebaut, die nicht mehr in der Lage ist, die Intentionen der impliziten Wirkkräfte aufzunehmen und adäquat zu beantworten.*

Lajos und Jokaste haben ihrem Kind keinen Namen gegeben. Sie haben es nicht anerkannt, sondern geleugnet. Das Kind wird durch die Hirten, die es hüten, an einen anderen Ort „verschoben“. Dort, wo es explizit wieder im bewussten Leben auftaucht, bekommt es von seinen Adoptiv- oder Scheineltern einen Namen, den wiederum seine wahren Eltern nicht kennen. Insofern ist der erkennbare Zusammenhang zwischen dem impliziten und expliziten Erinnerungssystem zerrissen. Ödipus kann in Korinth nicht mehr unmittelbar als Sohn des Königspaares von Theben erkannt werden.

Sowohl die förmliche Nichtanerkennung des Säuglings als eigenes Kind durch Jokaste und Lajos als auch die Beschreibung des Verschiebungsprozesses an einen anderen Ort und schließlich auch seine Namensgebung und Einordnung in ein anderes Bewusstseinsgefüge durch Polybos und Merope entsprechen genau dem System, das Sigmund Freud hinsichtlich Verdrängung und Verschiebung in seine psychoanalytische Theorie aufgenommen hat:

> *Dem eigentlich konflikthaften oder traumatischen Geschehen wird mit seinem Namen die Möglichkeit seiner Identifizierung entzogen. Und sein Auftauchen an anderer Stelle wird mit einem Namen belegt, der kaum noch einen Rückschluss auf seine Herkunft zulässt.*

Nur die beiden Hirten wissen, woher Ödipus in Wahrheit stammt. Aber auch ihr Name wird nicht genannt. Sie stehen für den doppelten Bewegungsimpuls aus Verdrängung und Verschiebung. Durch sie soll die noch imperfektive Geschichte des Kindes in anderer Gestalt zutage gebracht und zum Ziel gebracht werden. Das alles hält Sophokles mit ein paar wenigen mythologischen Bildern im Ödipusmythos fest.

Ödipus' Vater, der ja die ganze verhängnisvolle Geschichte in Gang setzte, könnte sich als einziger dem Verhängnis entgegenstellen, als er Ödipus am Fluss begegnet. Aber er hat ja den Sohn aus seinem Bewusstsein „verdrängt“ und kann ihn jetzt, wo dieser sich ihm entgegenstellt, nicht mehr erkennen. Das Auftauchen dieses Sprösslings, der sich ihm entgegen stellt, löst einfach nur „blinde Abwehr“ in ihm aus. Sie imponiert als ein „biologischer“, von den Göttern sanktionierter Impulsdurchbruch. Dieser ereignet sich als (scheinbar) pure Destruktivität, stellt in Wahrheit aber die verletzte Integrität von Gotteswort und biophysischer Wirklichkeit wieder her.

Formelhaft könnte man die Aussage des Mythos an dieser Stelle so fassen: Wer die Einheit aus Gotteswort und Materie zu sprengen versucht, zieht sich dadurch seine eigene Vernichtung zu.

Die Vorgeschichte

Wenn wir aufgrund dieses einen Mythos vom König Ödipus so grundsätzliche Aussagen ableiten, sollten wir prüfen, ob der Mythos seine Grundaussage wirklich so meint, ob er tatsächlich von Folgendem ausgeht:

> *Des Menschen Tragik bestehe im Kern darin, dass er sich schuldhaft aus dem Wort und Willen der Götter herausbegeben hat, und dass er dann mit Hilfe seiner eigenen Erkenntnis versucht, ohne sie oder an ihnen vorbei das „gute Leben“ zu gewinnen. Durch die Urschuld seines Aufbegehrens gegen die Götter habe er aber das „gute Leben“ verloren und kann es nur mit ihnen wieder finden.*

Dazu will ich nun auf die Vorgeschichte des Ödipus eingehen, in der die Spur dieser generationalen „Grundverkehrtheit“ schon angelegt ist. Wir fragen nach der Wurzel, aus der sich die ödipale Problematik ergibt. Aus welchen Kräften wird sie gespeist?

Lajos, der biologische Vater von Ödipus, ist ein Sohn des Labdakos. Dieser starb, als Lajos erst ein Jahr alt war. Darum riss nach einigen Wirren sein Großonkel Lykos die Königsherrschaft an sich. Als Theben dann aber von feindlichen Mächten erobert und Lykos getötet wurde, brachte man Lajos zu Pelops. Pelops, ein Freund der Götter, nahm Lajos freundschaftlich wie einen Sohn bei sich auf.

Als Lajos älter wurde, unterrichtete er den schönen Chrysippos, Lieblingssohn des Pelops, im Wagenrennen und verliebte sich in ihn. Später, als Lajos dann die Königsherrschaft in Theben übernommen hatte, wurde er dort von Pelops und Chrysippos besucht. Bei dieser Gelegenheit entführte Lajos seinen Geliebten Chrysippos und schändete ihn. Pelops war zutiefst empört und verfluchte ihn: Er solle niemals einen Sohn bekommen, wenn aber doch, so solle dieser Sohn ihn töten und seine Mutter schänden.

Die verführerische Schönheit des Chrysippos könnte man mit der ästhetischen Denkweise der Griechen auch als einen Abglanz des Wohlwollens der Götter deuten, das sein Vater Pelops bei den Göttern genoss und an ihn vererbte. *Lajos* wollte sich durch die Entführung des *Chrysippos* und die sexuelle Vereinigung mit ihm dieser Liebe der Götter, dieses Abglanzes ihrer Schönheit, was im griechischen Denken zugleich „Wahrheit" bedeutet, bemächtigen.

Dabei ist dieser Lajos *zugleich* ein besonderer Mann. Denn „Lajos", das ist der „Laie", der freie Bürger, im Gegensatz zum Sklaven. Das Erstaunliche ist nun, das die Mythologie diesen „freien Bürger" aus zwei Linien heraus entwickelt, worin wir genau die Dialektik wiederfinden, von der wir sprachen: Die eine Linie beginnt in seinem Großvaters Kadmos. Dieser hatte den *Drachen* überwunden und getötet, ähnlich wie Ödipus die Sphynx besiegte. Dadurch wurde *Kadmos* zum Herrscher der von ihm gegründeten Stadt Theben, ähnlich wie auch Ödipus später zum Herrscher über Theben wurde. Kadmos soll in Theben die Buchstabenschrift eingeführt und die Metallbearbeitung erfunden haben. Darin ist er ein Symbol für die Hoffnung, dass Gelehrsamkeit und Technik über den Drachen und dessen Gewaltherrschaft siegen. Kadmos verkörpert damit sozusagen das „humanistische Ideal" freier und unabhängiger Menschen, die aufgrund ihres Wissens und Könnens die Abhängigkeit von der Natur überwinden.

Die andere Linie beginnt auch bei Kadmos: Als er seinerzeit den heiligen Drachen getötet hatte, war ihm die Göttin Athene erschienen. Sie befahl ihm, er solle die Hälfte der Zähne des Drachens in den Boden pflanzen. Als Kadmos das getan hatte, wuchsen aus dem Boden die *Sparten* (d.h. die „Gesäten") hervor: bewaffnete Krieger und Adelsgeschlechter. Zu diesen Sparten zählen neben Labdakos auch dessen Bruder Menoikeus, der Vater von Kreon und Jokaste, und Theresias, ein Priester des Zeus, der blind war und angeblich nie eine falsche Prophezeiung verkündet hat. Also hat Kadmos einerseits den Drachen überwunden, andrerseits hat er aber auch ein „Drachengeschlecht" gesät. Daraus gehen auch Lajos und Jokaste hervor.

So bringt die Mythologie die konfliktreiche Veranlagung des Menschen auf den Punkt:

> *Der Mensch in seinem Wollen und Denken mag zwar frei sein, aber in seinen Adern fließt das Drachenblut, und der Drache ist ein Empörer gegen die Götter und letztlich auch gegen die Menschen.*

Der Mensch hält den gestellten Anforderungen als Partner und Freund der Götter nicht stand, sondern benutzt seine Kraft, die ihm aus dem Blut des Drachen zukommt, dazu, an den Göttern vorbei seine eigenen Ziele zu verfolgen, so wie es in frevlerischer Weise eben auch Lajos tut.

Der Stammbaum des Ödipus ist folglich so angelegt, dass in ihm einerseits die Intention und Kraft liegt, die Abhängigkeit vom Drachen und seiner Natur zu überwinden. Andrerseits aber ist das Drachenblut in seinen Adern darauf gerichtet, sich des Einflusses des Geistes der Götter zu entziehen und seine eigenen Ziele an ihnen vorbei zu verfolgen.

Das Blut des Drachens

Über den Drachen wurde vieles gesammelt und geschrieben. Aber alles zusammen genommen wirkt wie ein Sammelsurium von einzelnen Eigenschaften, deren intentionale Bedeutung und Symbolik unter der so willkürlich erscheinenden Anhäufung von Merkmalen verloren geht. Greifbar ist lediglich, dass der Drache die Naturkräfte versinnbildlicht, indem er in seiner Gestalt die vier Grundelemente der Erde in sich vereinigt: Wasser, Feuer, Luft und Erde. Als verschlingender und ersäufender, Feuer speiender und Brand stiftender Drache, als Weiser und Lügner ist er eine Art Naturgott, ein Verführer, der die Menschen entweder verschlingt oder ihnen die Weisheit seiner Erkenntnis und durch sie Macht und Herrlichkeit verleiht.

Der Mensch selbst ist einerseits aus dem Stoff des Drachen geschaffen, aus der Natur und ihrem Geist. Das Blut des Drachen fließt in seinen Adern. Andrerseits aber steht er der Natur als ein sie erkennender Geist gegenüber, der sie beherrschen soll und will. Er will sie sich unterwerfen, um dadurch ein Leben ohne Angst vor dem Drachen zu begründen. Sie, die Natur, ist des Menschen „Mater-ie“, seine Mutter. Aus ihr schöpft er seine Lebensenergie. Aber zugleich ist sie auch der Stoff, den er erforschen, erkennen, gestalten, verändern will. Er will aus ihr die seinen Vorstellungen gemäße, angstfreie Welt erst noch erschaffen. Also ist er einerseits aus ihr entstanden und insofern ihr „Kind“, andrerseits wird er zu ihrem Erkenner, Besteller, Besamer, zu ihrem „Mann“. Das besagt die Mythologie des Drachens über den Menschen und die Mythologie des Ödipus über seine scheinbar königlich erhabene, in Wahrheit aber zugleich mörderische Rolle.

Freud hat die in der Religion repräsentierte Kraft der Götter nicht auf unsere Existenz hin gedeutet, sondern wegerklärt, um nicht zu sagen: verdrängt. Die Götter tauchen in Freuds Konstruktion lediglich als eine väterliche „Kastrationsandrohung“ auf, die verhindern soll, dass der auf sich selbst gestellte Mensch sich seiner leiblichen Mutter bemächtigt. Aber den Drachen als Urbild dieser sich im Menschen spiegelnden und gegen die Götter auflehnenden „Erkenntnisgottheit“ ließ Freud ohne Berücksichtigung. Damit setzte er sich einerseits über die im Mythos alles bestimmenden Worte der Götter hinweg und ließ andrerseits zugleich damit auch die Bedeutung des Drachens als Antigott und Gegenspieler Gottes außer Acht.

Wir wollen nun hingegen dem Verständnis dieses im Drachen als Versinnbildlichung des Rivalitätsverhältnisses zu den Göttern und der Bemächtigung *der Mater-ie* , der „Mutter“ Erde, anhand einiger weiterer mythologischer Erzählungen nachgehen und sie daraufhin untersuchen, wie in ihnen die Dialektik dieses Konflikts beschrieben wird. Dazu betrachten wir vier Titanen der Vorzeit: *Tantalos, Tityos, Ixion* und *Sysiphos*.

Die Hybris der Titanen

Tantalos

Als Vater des Pelops, also des Onkels, der Lajos so freundlich aufgenommen hat, war er auch der Großvater des schönen Jünglings Chrysippos. Tantalos war ursprünglich ein besonderer Freund der Götter gewesen. Aber er hat seine Freundschaftsrechte schamlos missbraucht, wie später auch Lajos die Freundschaft des Pelops missbrauchte, und wurde darum von den Göttern mit unendlichen Qualen bestraft: Mit unstillbarem Hunger und Durst und mit ewiger Todesfurcht.

Tantalos muss in einem See stehen. Wenn er trinken will, weicht das Wasser zurück. Über ihm hängen die schönsten Früchte. Aber wenn er nach ihnen greifen will, weichen sie ihm aus. Zu Durst und Hunger kommt zusätzlich die Angst um sein Leben: ein mächtiger Felsbrocken auf einer schmalen Felsenspitze über ihm droht jeden Moment herabzustürzen und ihn zu zerschmettern. So ist seine Existenz in ihrer Tiefe gekennzeichnet durch nicht stillbaren Hunger und Durst nach der Natur und deren Früchten einerseits und auf der anderen Seite durch eine untilgbare Angst, dass sein Leben ausgelöscht wird.

Tantalos hatte die Freundschaft der Götter dadurch missbraucht, dass er seinen eigenen Sohn Pelops (also den Onkel des Lajos und Vater des Chrysippos) tötete und den Göttern zum Essen vorsetzte. Er wollte dadurch prüfen, ob sie wirklich allwissend waren, und beweisen, dass er selbst klüger war als sie.

Die Göttin Demeter war verwirrt. Sie aß einen Teil der Schulter des Pelops. Aber die anderen Götter bemerkten den Betrug. Sie gaben Pelops das Leben zurück und ersetzten dessen fehlende Schulter durch Elfenbein. Damit trägt Pelops von seinem Vater her nun nicht mehr nur die Dialektik von Sehnsucht und Todesfurcht in sich, sondern zugleich ist er auch wie Kain in der biblischen Erzählung gezeichnet mit dem untrüglichen Zeichen dafür, dass die Götter sein Leben wollen. Er steht nicht mehr unter dem Fluch der Götter.

Wie Kain trägt Pelops in sich

- tiefe Sehnsucht, Hunger und Durst nach der verlorenen Freundschaft und Nähe der Götter;
- tiefe Angst, durch göttliche oder menschliche Macht vernichtet zu werden;
- ein Zeichen der besonderen göttlichen Zuneigung.

So ringt der Mensch in seiner Geschichte mit diesen Kräften der Sehnsucht und Todesangst auf der einen Seite und trägt andrerseits das Zeichen des Wohlwollens der Götter an sich. Seine Tragik aber scheint darin zu bestehen, dass er sich an dieser Freundschaft der Götter nicht Genüge sein lassen kann oder will. Er will kraft seiner Erkenntnis den Göttern beweisen, dass er ihnen überlegen und aus eigener Erkenntnis heraus der Gott aller Materie ist.

Tityos

Er ist ein *Riese*. Der „Riese" ist auch in unserer Märchensprache ein Mensch, der über sich selbst hinaus wachsen will. Tityos hatte versucht, Leto, die Mutter Apollons und Gattin des Zeus, zu rauben. Mit dieser Gattin des höchsten Gottes wollte er Kinder zeugen. Hier also taucht das Motiv des „Ödipuskomplexes", wie Freud ihn verstand, explizit auf, aber er wird nicht als eine Rückflucht in die Geborgenheit der Insistenz[3], sondern als eine rivalisierende Kampfansage an die Götter (den Vater) interpretiert.

Zur Strafe dafür wird Tityos im „Tartaros", dem Strafort der Toten, an einen Felsen geschmiedet. Er kann zwei Geiern nicht wehren, die von beiden Seiten an seiner Leber reißen. Die Leber wird als Organ der Leidenschaften angesehen. Seine Leber - sprich: seine *Leidenschaft*, wächst ewig nach: sie intendiert die vollkommene Gestalt. Aber zugleich erreicht sie nie ihr Ziel, weil sie von den Geiern ständig zerstört und verzehrt wird.

Auch der *Geier* hat eine eigene Symbolik. Er steht für das sich selbst zeugende Leben, ähnlich wie die Schlange, die sich durch ihre Häutung ewig verjüngt. Der Geier legt Eier, die dem Mythos nach nicht von einem Männchen, sondern vom Ostwind befruchtet werden. Auch dieser Geier also, der das Ewigkeitsziel der Leidenschaft schon auf seinem Weg zu seiner Vollendung frisst, wird ewig immer wieder von neuem durch den Ostwind geboren.

Tityos wird diese seine Triebe und Leidenschaften nie verlieren, weil sie als nachwachsende auf die Vollendung ihrer Gestalt hinstreben. Aber zugleich wird diese Vollkommenheits- oder Ewigkeitssehnsucht ihr Ziel nie erreichen. Denn während sie sich aufbaut, wachen in Form des Geiers schon andere, scheinbar von außen kommende *destruktive* Kräfte darauf, gerade diese Vollendung zu sabotieren. Treffender könnte die Dialektik der Triebdynamik des Menschen und Freuds Problem der Dialektik von Lebens- und Todesstrieb wohl kaum zum Ausdruck gebracht werden.

---

[3] Das Eingebundensein in die dyadische Einheit der Menschen.

Der Mythos redet *dialektisch* von dieser Triebdynamik. Er führt die zwei in der Leidenschaft wirkenden Kräfte auf unterschiedliche Quellen zurück: Die „von innen“ wachsende Sehnsucht der Leidenschaft, und die andere Kraft des „Ostwindes“, eine Kraft des Geistes, die „von aussen“ kommt und ihr entgegensteht. Das ist eine wesentliche Unterscheidung, auf die wir später noch eingehen werden, wenn wir auf die Dialektik von *Außen* und *Innen* in der Psychodynamik des Menschen und als grammatische Grundkategorien eingehen.

Ixion

Er soll der erste Mensch gewesen sein, der einen Verwandten umgebracht hat. Als sein Schwiegervater *Deioneus* gekommen war, dem er einen zugesagten Brautpreis schuldete, stieß *Ixion* ihn in eine glühende Kohlengrube. Von allen Menschen wurde Ixion danach abgelehnt, weil er ein Mörder war. Aber der Gott Zeus nahm ihn gastfreundlich auf und rettete ihn dadurch vor seinen Rächern. Ixion war also trotz seiner Untat ein Freund des obersten Gottes! Er machte sich dann aber an eine Frau des Zeus heran, an die Erdmutter Hera. Wieder handelt es sich um das ödipale Motiv, aber auch hier im Sinne einer aktiv-progressiven Tat. *Hera* beklagt sich darüber bei Zeus und dieser lässt *Ixion* zur Strafe auf ein feuriges Rad binden, das sich in Ewigkeit dreht. Auch in diesem Mythos wird die explizit bekundete Freundschaft des obersten Gottes frevlerisch hintergangen und aufs Spiel gesetzt. Ixion will sich an der Freundschaft des Gottes vorbei die Gottgleichheit nehmen und dessen Gemahlin, die Erdmutter, schwängern.

Bevor Ixion auf das feurige Rad gebunden wurde, schob man ihm - ohne dass er es bemerkte - Nephele zu, ein Double der Hera. Nephele ist eine „Wolke“: ein Phantasiegebilde, eine Projektion. Zeus hatte sie in gleicher Gestalt wie Hera geschaffen, um Ixion zu täuschen. Ixion glaubt nun, dass er Hera schwängert, und zeugt zusammen mit ihr die Zentauren. Das sind Zwitter aus Mann und Pferd, roh und gottlos wie ihr Stammvater Ixion.

Der Mythos stellt den Versuch, sich zwischen die Götter und ihren Schöpfungsprozess, die Zeugung des Lebens, zu schieben, als eine wahnhafte Fantasie, eine Täuschung, eine Verwechslung von Schein und Wirklichkeit dar, und er zeigt, wie solch ein Versuch bewertet wird und endet: als eine Verkennung des wahren Lebens in roher und geistloser Gewalt.

Sysiphos

Er galt als Gründer und König von Korinth und soll der Schlaueste und Listigste aller Menschen gewesen sein. Ihm gelang es mehrfach, die Götter und selbst den Tod zu betrügen.

Thanatos, der Gott der Totenwelt, bestrafte *Sysiphos* für seine Umtriebe mit der „Sisyphusarbeit": Das ist eine Arbeit, die endlos, ohne Sinn und Zweck erscheint, und die nur in der absurden Hoffnung getan wird, dass sie doch eines Tages zum Ziel führt. Er muss einen großen Stein einen Berg hinaufrollen. Aber kurz bevor er den Gipfel erreicht, rollt der Stein wieder hinunter, und die Arbeit beginnt von neuem.

Sysiphos ist sozusagen der Heilige des Albert Camus, weil er die Verzweiflung der Sinnlosigkeit in stoischem Gleichmut und ohne „religiösen Überbau" auf sich nimmt.[4] Er tut seine Arbeit „kraft des Absurden". Er will sich der religiösen Sehnsucht nach dem Sinn seiner Existenz nicht fügen. Er tut seine Arbeit, weil sie die jetzt notwendige Arbeit ist. Und er weiß, dass seine Sehnsucht nach Sinn kein Ende und keine Erklärung findet. Auch hier treffen wir wieder auf die „ewige" Sehnsucht, die nie gestillt werden kann, und auf die ganz andere stoische Kraft der Verneinung in ihm, die seine Sehnsucht in sinnloser Mühe erstickt.

Das, was da in den vier Beispielen beschrieben wurde, wird in der griechischen Philosophie unter dem Begriff „Hybris" zusammengefasst. Es geht um eine wichtige Metapher. In ihr wird der Mensch in seiner grundsätzlichen Verfassung dargestellt, einer Grundverfassung, von der im Hebräischen unter dem Begriff „Sünde" gesprochen wird. Die Hybris besteht einerseits in dem Drang, mit den Göttern in ein rivalisierendes Verhältnis einzutreten. Dafür stehen Tantalos und Sysiphos. Beide wollen sich an den Göttern vorbei selbst als Besserwissende inthronisieren. Andrerseits geht es um die Leidenschaft, sich in den Akt der Schöpfung des Lebens zwischen Gott und die Natur einzuschieben. Dafür stehen Tityos und Ixion. Sie wollen mit den Frauen des Zeus, den Erdmüttern, der „Mater-ie", an ihm vorbei Kinder zeugen. Ixion gelingt das scheinbar, aber nur, weil er in seiner beschränkten Erkenntnis den Schein der Wirklichkeit mit ihrer Wahrheit verwechselt, und es endet in tierischer, brutaler Gewalt. Die Götter setzten der Hybris eine ewige Grenze. Sie las-

[4] Vgl. Albert Camus, *Der Mythos von Sisyphos* (Rowohlt: Hamburg, 1979).

sen sie einerseits als ungestillten Hunger und Durst und andrerseits als Angst vor der Vernichtung im Menschen zurück.

Wir haben den Drachen als die sich selbst zum Gott aufwerfende Materie dargestellt gesehen. Er ist einerseits die Kraft der Materie und aller Elemente, zugleich aber wird er auch als geistige Kraft beschrieben, die gegen die Götter aufbegehrt, um deren Regentschaft in die Hand zu nehmen. Der Drache ist als Bild und Symbol der geistige und materielle Hintergrund, in welchem das wurzelt, was wir beim Menschen als dessen „Hybris" dargestellt finden. Diese Genealogie[5] wird in Ödipus' Vorgeschichte so dargestellt, dass es da, in weiter Ferne, sozusagen als eine Ahnung oder Hoffnung, den Urgroßvater Kadmos gibt, den Freien, der den Drachen überwunden hat. Aber seine Großväter, väterlicherseits Labdakos, mütterlicherseits Menoikos, waren wiederum beide Drachensöhne. Nachdem Lajos als Drachenabkömmling nun auch noch Jokaste als Drachenabkömmling geheiratet hat und mit ihr Ödipus zeugte, fließt auch in Ödipus' Adern das Drachenblut. Daraus wird auch die mythologische Logik deutlich, warum die Hybris des Menschen so gestaltgleich zu den Eigenschaften des Drachen beschrieben wird. Die Kernaussage ist: In ihnen allen nämlich fließt das Drachenblut, die emanzipatorische Kraft, die sich gegen die Götter aufwirft und sich selbst zum Erzeuger des Lebens machen will.

Freud nimmt die Projektion dieses Konflikts zwischen Menschen und Göttern auf die Ontogenese zurück und nennt sie den „ödipalen Konflikt": den narzisstischen Wunsch des Knaben, der bessere Mann der Mutter zu sein und ihr am Vater vorbei als ihr wahrer Mann und Erlöser zu begegnen. Die Frau sehnt sich Freud zufolge danach, ihren Sohn an der Stelle ihres Mannes zu sehen. Er, der aus ihr entstanden ist, soll ihr Mann sein. Nur er als Teil von ihr kennt sie wirklich und hat das Verständnis, dessen er bedarf, um wahrhaft ihr Mann sein zu können. Und der Sohn spürt, dass es so ist, dass er aus seiner besseren Kenntnis heraus der Mutter der bessere Ehemann wäre. Er könnte zusammen mit ihr das wahrere Leben zeugen und gebären. Diesem Drang, den Freud als libidinöse Energie biologisch wirksam sieht, stellt sich seiner Ansicht nach die kulturelle Kraft der „Kastrationsandrohung" entgegen.

Eigentlich dürften wir heute keine Schwierigkeit mehr haben, die Universalität dieser Metapher und die in ihr aufgezeigte Proble-

[5] Abstammungssgeschichte.

matik zu verstehen. Wenn wir uns klar machen, dass Hera die Erdmutter ist, die „Mater-ie“, der Stoff, aus dem die Erde entstand und aus dem alles andere entsteht, dann erleben wir in der wissenschaftlichen und technischen Kultur, Manipulation, Vergewaltigung und Ausbeutung dieser Erde und ihrer Materie und in der Faszination des Menschen durch Forschung, Wissenschaft und Technik genau das, was der Mythos in Bezug auf das Menschengeschlecht beschreibt:

Wir unterbrechen den ewigen Zeugungsakt und Dialog zwischen Zeus und Hera und versuchen, uns selbst an die Stelle des Zeus zu setzen. Die von Freud im Medium der individuellen Biographie als Geheimnis der Sexualität interpretierten Metaphern „Ödipuskomplex" und „Kastrationskomplex“ spielen sich nach Aussage der Mythologie aber nicht erst in unserer Sexualität, sondern als eine unsere Existenz von Grund auf durchdringende Dialektik ab. Die dafür stehenden Metaphern meinen ein die menschliche Existenz charakterisierendes Existential, das unser Wesen in seinem zentralen Konflikt beschreibt.

Freuds Unterlassung

Sigmund Freud beginnt seine Interpretation bei der Geburt des Knaben. Für ihn bildet der Mythos von Ödipus den metapsychologischen Grundentwurf der psychoanalytischen Anthropologie, wonach das tiefste psychologisch erschließbare Bedürfnis selbst der progressivsten menschlichen Kräfte darin liegt, „in den Schoß der Mutter“ zurückzukehren. Diese Interpretation greift auf, dass Ödipus seit frühester Kindheit durch seine Aussetzung im Kithairongebirge geprägt ist und dass seine Ursehnsucht darauf gerichtet ist, in seine Heimat zurückzukehren. Freud konzipiert damit die Triebkraft als Antwort auf einen Mangel, wie er auch in der biblischen Erzählung der Vertreibung aus dem Paradies aufgezeigt sein mag.

Dem Inzestwunsch stellt sich aber das Konkurrenzverbot des Vaters in Form der von Freud so genannten „Kastrationsandrohung“ entgegen. Der Lebenstrieb, den Freud „Libido“ nennt, wird an der Erreichung seines eigentlichen Triebziels, des Inzestwunsches, gehindert und in das Leben hinein zu kulturadäquaten Leistungen umgebogen. Das geschieht in der täuschenden Fantasie, dass er auf diesem Umweg sein Triebziel der endlichen Geborgenheit im Schoß der Mutter doch noch irgendwann erreicht. Damit ist in der Nachzeichnung des Mythos vom

Ödipus das triebdynamische Modell der Psychoanalyse aufgerissen und in seinen wesentlichen Aspekten vorgezeichnet.

Freuds Konstrukt der Kastrationsandrohung mag zwar kulturanthropologisch Sinn machen. Aber vom Ödipusmythos her lässt es sich so nicht konstruieren. Der regressive Wunsch, in die verlorene Heimat respektive die Innenwelt der vorsprachlichen Abstimmungseinheit mit der Mutter und deren Geborgenheit zurückzukehren, steht im Mythos in einem dialektischem Gegensatz zu der fantastischen Größenidee, die interessante, fremde und gefährliche *Außenwelt* zu erobern, sich ihrer zu bemächtigen, sie vom Unheil zu befreien und sie in eine neue Ära zu führen. *Die angebliche „Kastrationsandrohung" hat im Mythos also nicht nur einen Verbotscharakter, sondern sie ist eine eigenständige Energiequelle und hat eine eigene Intentionalität. Sie ist die Ausrichtung weg vom mütterlichen Kosmos auf ein Ziel in der Welt hin. Darin ist sie nicht zugleich die Energie, die in die Geborgenheit der Mutter zurückstrebt, sondern eine, durch die sich Ödipus am Vater vorbei als Erlöser inszeniert.* Die erneuernde Regression als Regeneration im Geborgenheitsleib der Mutter wird erst dann gesucht, wenn sich die aggressive Potenz erschöpft hat oder darin gehindert sieht, das Ziel ihrer progressiv ausgerichteten Energie zu erreichen.

Die griechische Mythologie geht in ihrem Weltdeutungsentwurf von der Dialektik aus, die zwischen den *Erdgöttinnen* auf der einen Seite und *Zeus* als Himmelsgott auf der anderen besteht. Ebenso beginnt auch der biblische Schöpfungsbericht mit dem Chaos der Urflut einerseits, über dem der weibliche Gottesgeist brütet, und andererseits dem Wort, das von dem Vatergott gesprochen wird: Aus zwei einander dialektisch zugeordneten Kräften geht die Schöpfung hervor.

Weil Freud diese beiden Perspektiven zu *einer* verkürzte, indem er statt der dialektisch konzipierten Motiv- oder Triebkonstellation des Ödipusmythos eine einzige Triebkraft der Libido für *alles* Getriebensein des Menschen annahm, liegt in seinem triebdynamischen System eine grundsätzliche Unklarheit. Das ließ ihm auch selbst keine Ruhe. Er war sich dessen bewusst und hat in späteren Jahren versucht, dem bis dahin einzigen Libidotrieb einen zweiten, den „Todestrieb", gegenüberzustellen. Aber er hat zu dieser im Prinzip richtigen Intuition nicht die entsprechende theoretische Konzeption gefunden.

Die Triebtheorie in diesem Sinne dialektisch als ein Spannungsverhältnis zweier Triebe anzusetzen, ist eine notwendige Korrektur des Freudschen triebtheoretischen Modells, wenn man das Wissen der Mythologie konsequent auswerten will. Abgesehen davon lässt sich unter einem dialektischen Ansatz die psychisch erlebte und theoretisch zu konstruierende psychologische Wirklichkeit auch besser abbilden.

Zum Beispiel wird das in der Psychotherapie allgegenwärtige Prinzip der *Ambivalenz* zu seiner unmittelbaren Verankerung gebracht. Die Dialektik zwischen Flüchten und Standhalten, Regression und Progression, die zur Regeneration strebende Erschöpfung und den zur Überwindung strebenden Machtimpuls, finden wir nicht erst als sekundäre psychosoziale Errungenschaft, sondern immer schon als Grunddynamik allen biopsychischen Geschehens, und, wie uns die Bindungsforschung lehrt, erst recht auch von Beginn an in der Psychogenese des Kindes.

Der Umschlag vom Lebenwollen zum Todeswunsch entsteht im Mythos aus der Erkenntnis, dass Ödipus im Bestreben, dem Leben zu dienen, Tod und Zerstörung inszenierte, als eine tiefe narzisstische Kränkung also, wenn man so will. Erst, als zutage tritt, dass sein Erlösungswille die Frau seines Lebens nicht befreit, sondern zerstört hat, will er zurück an den Ort *vor* seiner Geburt und in die Einheit mit dem Wort der Götter. Die mythologische Aussage muss so verstanden werden, dass des Menschen Leben von seinem Sinn her nur *im* Wort der Götter und *in* ihrem Einverständnis gedeihen kann.

Freud hat vernachlässigt, dass der Geburt des Ödipus ein Wahrspruch der Götter über sein Leben vorausgeht, und dass er mit seinem Todeswunsch zugleich auch dem Wunsch nachgeht, in die schon mit seiner Geburt verlorene Einheit mit dem Willen der Götter zurückzukehren. Diesen Wunsch kennen wir sowohl aus der griechischen als auch aus der hebräischen Mythologie als ein Grundmotiv, der in beiden Mythologien aus der *Hybris* beziehungsweise der *Sünde* des Menschen als seiner Urschuld hervorgeht und mit dem Verlust der Nähe und Freundschaft der Götter in Zusammenhang steht.

Wenn man der Logik des Ödipusmythos folgt, so muss man sagen: Ödipus hat seinen Auftrag, den ihm Apoll gab, erfüllt, wenn er selbst dem auch entkommen wollte. Die Götter waren es auch, die ihn über die Vermittlung des Kreon in eine neue Lebens- oder Auftragsphase einsetzten, als er sich im Freudschen

Sinne regressiv gern aus dem Leben verabschiedet hätte. Die Hirten als Symbol der Fürsorge der Götter wachten darüber, dass er am Leben blieb. An keiner Stelle des Mythos wurde ihm selbst von den Göttern geflucht, im Gegenteil wurde er von ihnen im Leben bewahrt und in ihren Dienst genommen. Wir werden in unseren weiteren Überlegungen auch im Auge behalten, wie diese Thematik ihre tatsächliche Entsprechung in einem psychologischen System finden kann.

Freud, der sich als religions- und wertfreier Naturwissenschaftler verstand, wollte seiner ursprünglichen Forschungsidee gemäß die „Chemie der seelischen Prozesse" finden. Er verstand dabei die „Chemie" aber nicht etwa in einem übertragenen oder symbolischen Sinne, sondern so real, dass er hoffte, eines Tages Psychotherapie durch die Verordnung entsprechender chemischer Substanzen ersetzen zu können. Der gleiche Freud verankerte aber zugleich seine Psychoanalyse in einem aus der Mythologie erschlossenen existentialen Prinzip, das er allem weiteren Forschen voransetzte: eben in dieser ödipalen Problematik. Er legte der Psychoanalyse damit eine aus der Mythologie extrahierte Lehre über den Menschen zugrunde und arbeitete dann nach Maßgabe ihres Prinzips. Es ist eigentlich überraschend, dass der religöse Sarkastiker, der erklärte Atheist und Naturwissenschaftler Freud zur griechischen Mythologie greift und deren „Lehre" über den Menschen bis in die Chemie der seelischen und biologischen Prozesse hinein als wirksam erklärt.

Im Grunde vollzieht er damit innerhalb der Psychologie eine Denkfigur und Methode, wie sie Rudolf Bultmann im Anschluss an *Martin Heidegger* (1889-1976) als „existentiale Interpretation" in die Theologie eingeführt hat. Er unterstellt seine Forschungsarbeit der sich in der Mythologie auslegenden Existentialität. Das ist im Kern kein naturwissenschaftlicher, sondern ein *geisteswissenschaftlicher* Ansatz. Mehr noch: Er beschreibt in seiner wissenschaftlichen Theorie, wie ein durch und durch geistiges, dialektisches Prinzip sich bis in die feinsten Verästelungen unserer Psyche und deren Gesetzlichkeiten zieht, und sein Bemühen besteht ungeachtet seines naturwissenschaftlichen Glaubensbekenntnisses darin, dieses Prinzip bis in jedes Detail seiner psychoanalytischen und psychotherapeutischen Arbeit zu bewähren.

Die anthropologische Basis der psychoanalytischen Metatheorie muss dialektisch konzipiert werden, so wie sie im Konzept des

Ödipusmythos vorgebildet wird. Der Ödipuskomplex wirkt sich dem Mythos entsprechend in zwei Richtungen aus: einerseits in dem Versuch, die verlorene Insistenz als inneren Beziehungsraum wiederherzustellen und andererseits die Bevormundung durch die Götter zu überwinden.

Vom „Ödipuskomplex“ selber aber ist zugleich die ihm vorausgehende oder unterlegte Sehnsucht nach der Einheit des Menschen mit den Göttern und der Natur abzugrenzen, auf die sich auch der Komplex letztlich bezieht. Es ist wichtig, die als „Geschichte vor der Geschichte“ vom Mythos erzählte Grundposition (das Existential) einerseits von der Antwort des Menschen auf dieses Existential andererseits zu unterscheiden. Das Existential ist „der unbehauste Mensch“, der aus der Einheit des Naturzusammenhangs herausgestellte Mensch. In dieser „Ex“-istenz (Herausgesondertsein) liegt zugleich seine Grundangst. Der Ödipusmythos, wie auch der Mythos von Kain und Abel, erzählt dann, wie der Mensch als Herausgesonderter auf dieses Existential antwortet.

Freud war nicht gut beraten, als er Otto Rank zugestand, den Ödipuskomplex unmittelbar auf das Geburtstrauma zurückzuführen. Dadurch hat er die differenzierte Dialektik ausgeschaltet, um die es im Ödipusmythos *auch* geht. *Der Komplex des Ödipus kommt nicht dadurch zustande, dass Ödipus aus dem Leib der Mutter herausgeboren wird, sondern dadurch, dass seine Eltern ihre Elternschaft ihm gegenüber verleugnen, dass also, analytisch gesprochen, ein Verdrängungs- oder Abspaltungsprozess geschieht. Auf diese Weise wird ihm die Möglichkeit genommen, sich selbst als das Kind aus ihrem Leib zu erkennen und mit ihrer Hilfe auf die wahre Wirklichkeit seiner eigenen Identität zu antworten. Seine bewusste Wirklichkeitsinterpretation konnte nicht in seiner wahren Wirklichkeit wurzeln. Darum kann er trotz bestem Willen nicht adäquat auf die wirklichen Zusammenhänge seines Lebens reagieren. Das ist das eigentlich abzuleitende anthropologische Schema, das nach Freud als dynamisches Schema für die psychoneurotischen Erkrankungen formuliert werden muss.*

Nicht also die Sehnsucht nach der Geborgenheit des Mutterleibes oder der Insistenz, worunter das vorsprachliche unmittelbare Verhältnis zur Mutter zu verstehen ist, konstelliert den Ödipuskomplex und macht einen Neurotiker aus dem Menschen, sondern *die fehlende, nicht gelingende oder verweigerte Abstimmung des Kindes mit seinen Eltern, die fehlende Passung zwischen bewusstem und implizitem Erkenntnissystem ist es, die dem Mythos entsprechend den Ödipuskomplex bewirkt.*

Im Mythos wird auch erkenntlich, warum weder die einen noch die anderen Eltern für Ödipus die „wahren Eltern" sein können: Weil sie die Grundvoraussetzung dazu, die Anerkenntnis der dialektischen Einheit von Gott und Materie als die auch sie selbst umfassende und ihnen maßgebende Wahrheit ihrer Existenz, verneinen. Ödipus hat mit einer Disposition zu kämpfen, die nicht allein seinem Willen und auch nicht allein seiner Person untersteht, sondern die ihm schon durch die Hybris seiner Eltern vorgegeben wurde.

Kain

Wir haben die grundsätzlichen Linien der psychoanalytischen Anthropologie anhand des Mythos vom König Ödipus aufgezeigt. Dabei bestätigten wir die Lehre Freuds in mancher Hinsicht, korrigierten und ergänzten sie zugleich aber in einem wesentlichen Punkt: Wir forderten einen dialektischen Ansatz dieser Trieblehre, indem wir darauf hinwiesen, dass Freud faktisch, wie der Mythos selbst, auf eine Dialektik von zwei Kräften hinwies, die in der Symbolik *Mutter* und *Vater* aufscheint: einen „Libido- oder Lebenstrieb", der seinen Ausdruck als Sehnsucht nach der Mutter findet, und einen „Aggressions- oder Todestrieb", der in noch genauer zu bestimmender Weise mit dem Vater in Zusammenhang steht.

Auf mythologischer Ebene ist deutlich, dass der so gekennzeichnete Mensch in seinem Wesen gegen Wort und Geist der Götter rebelliert. Er lässt sich auf ihre Freundschaftsangebote nicht wirklich ein, sondern beutet sie aus, und versucht an ihnen vorbei den Herrschaftsbereich der Götter an sich zu reißen.

Vielleicht war es Freud durch seinen ideologischen Atheismus verwehrt, die griechische Mythologie auch nach der „Vater-Seite" der Götter hin genauso nüchtern entmythologisierend zu befragen wie er es zur Seite der Mutter Materie hin getan hat. Auf der Spur dieser Frage bewegen wir uns und kommen auf sie zurück, nachdem wir den angekündigten Weg durch die biblische Erzählung von Kains Brudermord beschritten haben werden, um aus ihr möglicherweise einen Gesichtspunkt abzuleiten, der uns auch in der Auslegung der griechischen Mythologie weiterbringen kann. Dazu will ich aber als Erstes auf einen zum Verständnis notwendigen Unterschied zwischen hebräischem und griechischem Denken eingehen.

Ein grundsätzlicher Unterschied

Ich habe mich in den vorigen Sätzen gescheut, die frühen biblischen Erzählungen „Mythologie“ zu nennen, nicht weil ich meine, dass uns hier eine „objektive“ Geschichtsschreibung vorliege, wohl aber, weil das hebräische Denken und Verständnis ein ganz anderes ist als das griechische. Es denkt nur ansatzweise mythisch, aber in seinem Wesen geschichtlich erzählend, es denkt „in“ der Zeit, während das griechische Denken eher ein zeitloses, ein räumliches Denken ist, das sich aus dieser Position heraus mit dem „Gegenstand Geschichte“ und dem „Gegenstand Zeit“ beschäftigt.

Der Versuch des griechischen Mythos, „hinter“ dem Schein unserer Wirklichkeit das wahre Sein zu schauen und diese Aussage in eine sinnlich fassbare Form zu bringen, sie gleichzeitig aber dennoch nicht in das enge Korsett einer reflexiv reduzierten Sprache zu zwingen, bringt solche Mythologien wie den Ödipusmythos hervor. In ihm wird die existentielle Problematik nicht in philosophisches Denken, sondern in eine Welt bedeutsamer Bilder geführt, in gewisser Weise ähnlich, wie wir es aus unseren Märchen kennen. Die Tragik des Menschen wird dabei wesenhaft zurückgeführt auf dessen Verblendung durch den Schein der Wirklichkeit, der ihm die wahre, „hinter“ ihr liegende Welt der wirksamen Ideen verstellt. Unsere Lebenswelt ist dem griechischen Denken eine Art Schattenwelt, in der sich die eigentlich wahren und wirkkräftigen ewigen Ideen der Götter nur unvollkommen und zeitlich befristet abbilden. Der Mythos aber versucht, die Welt der Götter und ihre zeitlosen, ewigen Ideen „hinter“ der von uns wahrgenommenen Wirklichkeit in Bildern wiederzugeben.

Die hebräische, geschichtlich orientierte Denkweise beschreibt dagegen, wie der „in die Geschichte verbannte“ Mensch die auf ihn zukommenden Ereignisse zu erkennen und zu deuten versucht, und wie er inmitten dieser seiner Geschichte dazu verurteilt ist, die wahren Wege von den falschen zu unterscheiden. Er ist weniger ein schauender denn ein hörender und sprechender Mensch. Das eher räumlich und vorläufig aus dem Sein entstehende Schattenbild des Griechen steht dem, was sich zeitigt, der werdenden Geschichte des Hebräers, gegenüber.

In des Hebräers Geschichte sprechen die Götter schon immer mit ihm, überspitzt: Geschichte *ist* für den Hebräer in ihrem Geschehen Sprache des Gottes, aus dessen Geist sie quillt. Und auch der Mensch, in allem, was er tut, ist ständig Mitgestalter, Mitspieler, Förderer oder Verderber seiner ihm sich öffnenden oder verschließenden Geschichte. Er als Mensch ist von vornherein ethisch, das heißt „verantwortlich", in die Gestaltung und Entwicklung dieser seiner Geschichte einbezogen, und er dient in diesem seinem Tun von vornherein diesem oder jenem Gott. Das hebräische Denken als *geschichtliches* Denken setzt sich daher weniger mit Ideen oder abstrakten Wahrheiten auseinander, sondern es erzählt Geschichten, in denen es um Gottesbegegnung, um Gottesverehrung oder Gottesverachtung und um verantwortliche Teilnahme geht.

Dieses Denken dreht sich mehr um die Frage, wie es in unserer Geschichte immer wieder zu diesen und jenen Ereignissen kam, und welche Folgen sie hatten und haben. Es wird also gefragt, welche Konstellationen wir in den Anfängen unserer Geschichte und Geschichten jeweils vorfinden und wie sie ihr Ziel und ihre Beantwortung finden.

Die Bibel beginnt mit dem Buch der *Anfänge* unserer Geschichte und beschreibt, wie sich aus diesem Kern „im Anfang..." das Ganze entfaltet, und wie der Mensch mit seinem Tun und Denken wesenhaft und „vorgängig" - bevor er überhaupt entscheiden kann - schon immer in diese Anfänge und in eine Antwortstruktur seinem Gott gegenüber eingebunden ist. Immer schon kommt er aus der Vergangenheit einer Gottesgeschichte, und immer tritt er in die Geschichte als ein in sie Gerufener und ein auf sie Antwortender, oder eben als ein sich ihr Verweigernder und nicht oder trotzig Antwortender ein. Als Mensch qualifiziert er sich der Geschichte und ihrem Sinn gegenüber darum auch immer zugleich als Bewahrer, Verderber, Flüchtiger, Förderer oder Entwickler.

Darum also zögerte ich, die hebräischen biblischen Erzählungen „Mythen" zu nennen. Denn durch Mythen erhalten wir geistige Aufschlüsse, die uns zwar tiefe Erkenntnisse zu vermitteln vermögen, die uns aber nicht zugleich in einen verantwortlichen Dialog rufen oder als in ihn gestellt beschreiben. Dagegen versucht der Hebräer, seine Geschichte auf die in ihr wirksamen Worte Gottes, auf deren Anspruch an ihn als deren DU zu befragen. In diesem Interesse fragen die Hebräer also zurück nach den Anfängen und sagen: „So wie immer es in den Anfängen unserer Menschheitsgeschichte war, so wie wir in den Anfängen unserer Völker- und Familiengeschichten in die Geschichte berufen und mit ihr beauftragt wurden, so werden wir aus ihr auch nicht entlassen, bis sie vollendet ist".

Das biblische Paradies ist die Mutter der Menschheit, der Uterus, aus dessen inniger Verwobenheit von Gotteswort und Werden in einer umhüteten Einsheit wir Menschen in die zwiespältige Geschichte von „Menschen und Göttern" hinausgetrieben wurden. Nach dieser Einsheit sehnen wir uns immer dann zurück, wenn wir in Not, Bedrückung und Angst geraten. So wie es in unseren individuellen Anfängen immer ist, so war es auch in den Anfängen der Menschheit. Und so auch, wie unsere Lebensgeschichte nicht nur von der nährenden, bergenden, versorgenden Mutter geprägt ist, sondern auch von dem „Anderen", dem im Mutterleib zunächst nur über seine Stimme erfahrbaren, in seinem Erscheinen erschreckenden, überraschend da seienden Vater, so war es auch in den Anfängen der Menschheitsgeschichte. Immer ist da auch die Stimme des sich uns bekannt machenden, uns ängstigenden, unsere Neugier weckenden, Verheißung gebenden, uns fordernden, uns vor scheinbar unlösbare Probleme stellenden Vaters. So ist es in den Anfängen unserer individuellen Geschichte und so auch in denen unserer Familien-, Völker- und Menschheitsgeschichte.

Wir fragen jetzt also, wie das in der Bibel beschriebene Grundverhältnis der Beziehung des Menschen zu seiner Erde und zu seinem Gott aussieht und welche anthropologischen Aussagen daraus abgeleitet und dem griechischen Menschenbild des Ödipusmythos gegenübergestellt werden können. Besonders interessiert uns dabei, welchen Platz der „Vater" und die auf ihn bezogenen Kräfte oder Kategorien in der Erzählung einnehmen, nachdem wir in den griechischen Mythen und der Psychoanalyse das Verhältnis zur Mutter und ihrer Symbolik weitgehend widerspruchsfrei ausgestaltet fanden.

Dazu stelle ich dem Mythos vom König Ödipus die Erzählung von Kain und Abel gegenüber. Sie wird von manchen Historikern als die ältere, als die „Urgeschichte" über den Menschen angesehen, auf die hin dann die Erzählung der Paradiesgeschichte von Adam und Eva im Sinne einer mythologischen Erzählung gebildet wurde. Diese Diskussion braucht uns aber nicht zu beeinträchtigen, weil uns interessiert, wie das Verhältnis von Mensch, Natur und Gott prinzipiell beschrieben wird, und welche Kräfte in diesem Verhältnis wirksam werden. Wir werden jedoch dem Hinweis auf die Auslegung der Geschichte von Kain und Abel durch die Geschichte von Adam und Eva in der Weise nachgehen, dass wir prüfen werden, ob sich der von uns erhobene anthropologische Befund der Kainsgeschichte widerspruchslos in die Geschichte von Adam und Eva fügt.

Kains Brudermord

Die Geschichte fängt so an: Adam erkannte Eva, seine Frau; sie wurde schwanger und gebar Kain. Da sagte Eva, die Mutter aller Lebendigen: „Ich habe einen Mann vom Herrn erworben". Sie gebar ein zweites Mal, nämlich Abel, seinen Bruder. „Kain" bedeutet im Arabischen „Schmied". Aber auch die Bedeutung, die Eva gibt, ist möglich: „Mit Gott habe ich mir einen Mann geboren". Die Elberfelder Bibel übersetzt: „Mit dem Herrn habe ich einen Mann hervorgebracht".

Eine Frau sagt: „Ich habe zusammen mit Gott einen Mann hervorgebracht." Ohne Adam? An Adam vorbei? Gibt es da vielleicht ein ähnliches Problem, mit welchem auch der Ödipusmythos sich befasst, nur diesmal vonseiten der Mutter her gesehen? Eva hatte den Verlust des Paradieses hinter sich. Sie ist mit dem Adam, der sich im Paradies ohne eigene Entscheidung einfach nur von ihr füttern ließ, in einer unwirtlichen Welt angekommen, in der man „Männer" braucht. Obwohl sie es war, die Adam die Frucht anbot, kann man sich vorstellen, dass sie jetzt, wo ihr die Folgen ihrer Verführung deutlich geworden sind, Adam nicht vergessen kann, dass er sich so wenig gewehrt und sie beide nicht vor diesem verhängnisvollen Schritt bewahrt hat. Denn Gott hatte sich im Paradies mit seiner Warnung ausdrücklich an Adam gerichtet. Der wusste also Bescheid oder hätte Bescheid wissen müssen.

Abel wurde Schafhirt und Kain Ackerbauer: ein Sesshafter, der ein Stück Land besitzt und bearbeitet. In der anderen Namensversion wäre er ein Schmied, der die Pflugscharen, Eggen und Hacken für die Landwirte herstellt. Diese Symbolik käme Freud sehr entgegen. Immerhin ist die Erde das Symbol für die „Mutter-Erde", die man mit der Flugschar aufreißt, um den Samen in sie einbringen zu können. Kain ist also ein „richtiger Mann", der für Fruchtbarkeit sorgt. „Abel" dagegen heißt „Hauch". Er ist als Schafhirt immer auf Wanderschaft, immer auf der Suche nach grünem Land; er lebt wie ein Windhauch, ein Symbol für den Geist, eine ganz andere Art von Existenz.

Kain, der Erstgeborene, wird von seiner Mutter jubelnd begrüßt. Ein richtiger „Mann", ähnlich wie später auch Esau, der Erstgeborene Isaaks, stark und erdverwurzelt. Auf ihm ruht der Erbsegen des Ältesten. Abel, der Windhauch, ähnelt hingegen Jakob, dem Bruder Esaus, der später vor dessen Rache fliehen muss, weil er ihn um seinen Erbsegen betrogen hat. Er geht seine eigenen Wege, weicht den härteren und erdhaften Realitäten aus, den harten und dornigen Böden und dem Wüstensand. Da scheint eine biblische Typologie wirksam zu sein.

Sie erscheint wieder, als der alte, fast blinde Jakob seine beiden Enkelsöhne, die Sohne Josephs, segnet. Joseph stellt Manasse, den älteren Sohn, so vor Jakob, dass der ihn mit seiner rechten Hand segnen muss und Ephraim, den jüngeren, mit der linken. Aber der fast blinde Jakob legt seine Hände über Kreuz auf die Häupter der Kinder, sodass der Jüngere, also Ephraim, den Hauptsegen bekommt und der ältere Manasse nur den Zweitsegen, und darin will Jakob sich von Joseph nicht korrigieren lassen. Eine auffällige und in der Bibel häufig auftretende Typologie: Das Erste ist äußerlich oder nur augenscheinlich wichtig, aber das wirklich Wichtige ist dahinter verborgen, es kommt erst als Zweites, es kommt erst „danach". So wird es auch drastisch für Saul, den ersten König Israels, beschrieben, der stattlich anzusehen war, „eines Hauptes größer als das ganze Volk", der in der Folge aber von Gott verworfen wurde, weil sein Herz in der Angst oder im Kalkül statt im Glauben gründete. David hingegen, sein Nachfolger, ist ein Hirtenjunge, den sein Vater nicht einmal vom Felde holen wollte, als der Prophet kam, um einen König aus seinen Söhnen auszusuchen. Er ist jung, schön anzusehen, aber eben nur ein ahnungsloser Hirtenjunge. Der aber wurde gewählt zum „wahren" König, zum Symbol der Königsherrschaft Gottes und typologischen Vorbild des Messias, der das jüdische Volk endgültig erlösen sollte: „Der Hirte und Hüter eurer Seelen".

Kain ist also der wahre, der „richtige Mann", aber Abel, der „Hauch", ist Gott anscheinend näher als Kain. Vielleicht geht es in Wahrheit um zwei sich befehdende Stämme, um unterschiedliche Lebensweisen, um den Umbruch von der Jäger- und Sammlerkultur zur Sesshaftigkeit und zum Landbau. Doch so ganz will das nicht passen, denn die Jäger- und Sammlerkultur ist eher die ältere, aber Abel ist der Jüngere. Auf jeden Fall scheint es um einen *zentralen* oder, wenn man die Geschichte weiterliest, um einen *existentiellen* Gegensatz zu gehen. Dieser Gegensatz wirkt schon im Keim dramatisch, weil es sich um zwei Brüder handelt, die ja nicht nur in der Bibel, sondern generell in Mythen, Sagen und Erzählungen als Bilder gewählt werden, wenn von Menschen die Rede ist, die aus einer gemeinsamen Wurzel stammen.

Nach *Aptovitser*[6] finden wir bei *Philo von Alexandrien* (15 v.Chr. - 50 n.Chr.) die Deutung, dass es sich in Kain und Abel nicht um zwei Menschen handelt, sondern um zwei *Existenzweisen*. Der Anklang des „Erwerbens" in Kains Namen müsse auf Evas und seine Geisteshaltung des Besitzen-Wollens, des An-sich-nehmens bezogen werden. Kain habe seinen zu ihm gehörenden „Bruder", den Freien, den Abel seiner eigenen Seele getötet. Während Abel identisch mit der Flüchtigkeit seiner Wanderschaft sei, gelinge es Kain nicht, sich mit der grundsätzlichen Heimatlosigkeit als Mensch und als Fremdling in dieser Welt zu versöhnen.

Philo zufolge geht es also um einen zentral bedeutsamen *intrapersonellen Konflikt*. Die Berechtigung dazu darf man etwa daraus ableiten, dass ja immerhin nicht irgendwo in einer x-beliebigen Erzählung über diesen Konflikt berichtet wird, sondern im Anfang der heiligen Schriften. Es ist der Konflikt zwischen einer pragmatisch-ontischen Lebensperspektive auf der einen Seite: „im Schweiße deines Angesichts sollst du dein Brot essen!" - „und weiter nichts" - möchte man ergänzen, und der grundsätzlichen Offenheit für die Freiheit, für die Geistigkeit, die Empfänglichkeit für das, was kommen kann oder soll, auf der anderen Seite.

> „Nach einiger Zeit brachte Kain dem Herrn ein Opfer von den Früchten des Feldes dar; auch Abel brachte eines dar von den Erstlingen seiner Herde und von ihrem Fett. Der Herr schaute auf Abel und sein Opfer, aber auf Kain und sein Opfer schaute er nicht" (Gen.4,3-5a).

Was Kain mit Mühe, aber anscheinend zugleich mit wenig Erfolg zu erreichen sucht, gelingt seinem Bruder Abel wie von selbst. Zwischen Abel und Gott scheint eine Beziehung zu bestehen, die Kain fehlt oder abhanden gekommen ist. Da steht nicht, woran sie denn merkten, dass Gott Abels Opfer anschaute, Kains aber nicht. Hat Gott Probleme mit den „rauhaarigen" Männern wie Kain und Esau? Liebt er die Harfen und Flöten-

---

[6] Avigdor Aptovitser, *Kain und Abel in der Agada, den Apokryphen, der hellenistischen, christlichen und muhamedanischen Literatur* (R. Löwit: Leipzig, 1922).

spieler, die leichtfüßigeren Hirten mehr? Auf solche Ideen könnte man kommen, wenn man dabei auch an jene anderen alttestamentlichen Brüderpaare denkt. Da ging es jeweils um einen Älteren, ein männliches Rauhbein, und einen feinen jüngeren Bruder. Und der Jüngere *stahl* - am Älteren vorbei - den Segen des Vaters.

> „Da überlief es Kain ganz heiß und sein Blick senkte sich" (Gen.4,5b).

Eine Hitzewallung der Kränkung und Wut, „rausgekickt" worden zu sein. Das ist die Scham, nicht gemeint, nicht liebend angesehen, sondern geringschätzig aussortiert zu sein. Dagegen ist er machtlos. Er geht mit gesenktem Blick aus dem „ersten Kontaktsystem" des Schauens und sensiblen Spürens und Kommunizierens heraus.

> „Da sprach der Herr zu Kain: Warum überläuft es dich heiß und warum senkt sich dein Blick? Nicht wahr, wenn du recht tust, darfst du aufblicken; wenn du nicht recht tust, lauert an der Tür die Sünde als Dämon. Auf dich hat er es abgesehen, doch du werde Herr über ihn!" (Gen.4,6-7).

Mir erschloss sich die Dynamik in Kain, von der hier geredet wird, dadurch, dass mir das Gesicht eines Kindes einfiel, welches seinen Blick in Scham und, dahinter verborgen, in Kränkung, Wut und Verzweiflung zu Boden gesenkt hatte. Wie Kain erfuhr sich dieses Kind als „ausgegrenzt" und wurde unter spöttischem Gelächter der Anderen dann auch noch mit einem „treffenden", wenig mitfühlenden Kommentar bedacht: „Ach, was er für eine Schippe macht, und nun fängt er auch gleich noch an zu schreien und zu toben!" Dieser Kommentar machte dem Kind auf zynische Weise klar, dass es „draußen" war, und stieß es dann tatsächlich in die Dynamik gerade der fantasierten Reaktion hinein, die ihm so wenig anteilnehmend vorausgesagt war.

Gott ist mit Kain noch im primären Kontaktsystem. Er spricht mit ihm über seine Bewegungsimpulse, über die Intentionalität seiner inneren Bewegung. Aber Kain ist ausgestiegen. Er ist gekränkt, fühlt sich ausgeschlossen. Er schaut auf den Boden, entzieht sich dem Blick und will in seinem Schmerz nicht erkannt werden. Zwischen ihm und Gott gibt es keinen „Augen-Blick", keine innere Verbindung. Das sich im Blick, im Erkennen der intentionalen Bewegungsimpulse abspielende *implizite* Beziehungssystem, das zwischen Gott und *Abel* besteht, funktioniert zwischen *Kain* und Gott nicht mehr. Die innere Verbindung zwischen Gott und Kain ist unterbrochen. Wir können sie durch das Gestaltkreisprinzip Viktor von Weizsäckers im Sinne der „gegenseitigen Verborgenheit von Wahrnehmen und Bewegen" interpretieren.[7] Aber zugleich müssen wir ernst nehmen, dass diese Unterbrechung nach dem biblischen Text im Sinne von „Schuld" oder im Sinne einer anthropologischen Aussage als „Sünde" ausgelegt wird. Psychologisch ist das von Interesse, weil Trennungsprozesse zwischen Liebenden, Paaren oder Eltern und Kindern immer mit der Schuldproblematik verbunden werden.

Das Herausgehen aus einer *trajektiven* Bezogenheit, aus dem WIR, scheint in der Tiefe unserer Seele prinzipiell als Schuld des Einen, der hinausgeht, vom Anderen, der verlassen wird, empfunden zu werden. Warum? Dazu steht als Frage Gottes im Text, ob Kain „Unrechtes" im Sinn führt. Das ist die Schuldproblematik, aber in einem anderen, nach vorn gewandten Sinne: Du hast etwas vor, was zu dem *Trajektivum*, zu dem du „gehörst", nicht passt.[8] Das ist es, was dich aus der Gemeinschaft ausschließt, und weswegen du deinen Blick senkst, weil man dir es sonst ansehen und in deinen Augen lesen könnte. Du bist innerlich also mit einer Idee befasst, die dich als zu einem *anderen* Trajektivum, und ihm entsprechend zu einem anderen *Präjektivum*, einem anderen Gott oder Dämon als Ideengeber gehörig erkennen lässt.[9]

Er spricht Kain an. Er warnt ihn. Kain steht in dem Moment sozusagen zwischen Gott und dem Dämon. Durch das sekundäre Kontaktsystem Sprache versucht Gott, das fehlende primäre Kontaktsystem der sinnlichen Wahrnehmung zu überbrücken. Aber es gelingt nicht. Kain hört nicht.

---

[7] Viktor von Weizsäcker, *Der Gestaltkreis: Theorie der Einheit von Wahrnehmen und Bewegen*, mit einer Einführung v. R. Denker (Suhrkamp: Frankfurt a.M., 1973).

[8] Lat. „traicere" heißt „hinüberbringen", „übertragen". In psychodynamischer Sprechweise ist das „Trajektivum" dementsprechend das *Verbindende* zwischen Menschen.

[9] Das „Präjektivum" ist dem ursprünglichen Wortsinn nach das „Vor-Liegende". Psychodynamisch verstanden ist es das, was uns begegnend anspricht, worin wir uns als gefragtes, herausgefordertes DU erfahren, das dem Anspruch zu antworten hat.

Man hat den Eindruck, hier spiele sich die Geschichte zwischen Gott und Adam und Eva ein zweitesmal ab. Dort ergeht auch eine Warnung an Adam.

Das Ähnliche in dieser Vorgeschichte liegt darin, dass Gott den Menschen auf eine Gefährdung seines Lebens aufmerksam macht, dass aber der Mensch im entscheidenden Moment, nämlich da, wo der „Dämon“ ihn mit einer anderen Idee infiltriert, Gott nicht mehr hört beziehungsweise seine Mahnung vergessen hat. Er hört nicht, solange der „Dämon“ in ihm wirksam ist. Bei Adam tritt der „Dämon“ als die Idee auf, selbst wie Gott zu sein und Gut und Böse erkennen und unterscheiden zu können. Bei Kain wirkt er als die Fantasie, sich durch Abels Beseitigung wieder an die Stelle des unmittelbar mit Gott verbundenen, liebsten Sohnes Gottes setzen zu können. *Insofern wird mythologisch ausgesagt: Der Ursprung der destruktiven Energie ist nicht ein „Trieb“, sondern eine destruktiv wirksame Idee!* Und die primäre Wirkung dieser anderen Idee besteht darin, dass man für die trajektiven Beziehungspartner, mit denen man durch eine vorige, andere Idee verbunden war, nicht mehr erreichbar ist.

Nachdem Adam und Eva von der Frucht des Baumes der Erkenntnis gegessen hatten, sprach Gott:

> „Siehe, der Mensch ist geworden wie unsereiner und weiß, was gut und böse ist. Nun aber, dass er nicht ausstrecke seine Hand und breche auch von dem Baum des Lebens und esse und lebe ewiglich! Da wies ihn Gott der HERR aus dem Garten Eden, dass er die Erde bebaute, von der er genommen war. Und er trieb den Menschen hinaus und ließ lagern vor dem Garten Eden die Cherubim mit dem flammenden, blitzenden Schwert, zu bewachen den Weg zu dem Baum des Lebens“ (Gen.3,22-25).

Wenn man die beiden Geschichten hintereinander liest, könnte man die Rede Gottes an Kain so verstehen: „Ich rede mit dir jetzt als mit einem Kind, das in ein anderes Erkenntnissystem eingetreten ist und insofern weiß, was gut und böse ist. Aber du siehst weg von mir, als ob ich nicht erkennen soll, was in dir abläuft. Es ist die Dynamik und es ist der „Dämon“, der auch deine Eltern in meiner Abwesenheit erfasste. Nun ist es an dir, der du ein Erkennender geworden bist, Herr über diesen Dämon, diese Dynamik zu werden!“ Aber Kain hat kein Ohr für die Rede Gottes.

> „Hierauf sagte Kain zu seinem Bruder Abel: Gehen wir aufs Feld! Als sie auf dem Feld waren, geschah es: Kain griff seinen Bruder Abel an und schlug ihn tot“ (Gen.4,8).

Kain ist aus dem ersten Kontaktsystem des Gewahrseins herausgetreten. Er hat zugleich auch Gott im zweiten Kontaktsystem „Bewusstheit der Sprache“ nicht gehört. Dieses System „Sprache“ ist der Dynamik des Dämons oder Drachens nicht gewachsen. Erst nachträglich wird klar, was abgelaufen ist:

> „Da sprach der Herr zu Kain: Wo ist dein Bruder Abel?“ (Gen.4,9a).

Jetzt *hört* Kain:

> „Er entgegnete: Ich weiß es nicht. Sollte ich etwa der Hüter meines Bruders sein? Der Herr sprach: Was hast du getan? Das Blut deines Bruders schreit zu mir vom Ackerboden. Du bist verflucht, verbannt vom Ackerboden, der seinen Mund aufgesperrt hat, um aus deiner Hand das Blut deines Bruders aufzunehmen. Wenn du den Ackerboden bestellst, wird er dir keinen Ertrag mehr bringen. Rastlos und ruhelos wirst du auf Erden sein“ (Gen.4,9b-12).

> „Kain antwortete dem Herrn: Zu groß ist meine Schuld, als dass ich sie tragen könnte. Du hast mich heute vom Ackerland verjagt und ich muss mich vor deinem Angesicht verbergen; rastlos und ruhelos werde ich auf der Erde sein und wer mich findet, wird mich erschlagen“ (Gen.4,13-14).

Jetzt erst hat Kain die Botschaft Gottes verstanden. Aber es ist zu spät: Kain wird vom „vom Angesicht Gottes weg“ in das Land Nod vertrieben, das Land der Fremde, der „rastlosen Ruhelosigkeit“. Mit dem Zerbruch des Innenraumes mit Gott, der hier als das „Angesicht Gottes“ beschrieben wird, geht zugleich die Angstfreiheit ihm gegenüber verloren. Draußen, das heißt ohne ihn, herrscht „rastlose Ruhelosigkeit“, und unter ihr ein Abgrund von Einsamkeit und Angst.

Aber Gott hat sich auch jetzt nicht von Kain abgewendet. Er antwortet:

> „Nicht also. Sondern jeder, der Kain erschlägt, soll siebenfacher Rache verfallen. Darauf machte der Herr dem Kain ein Zeichen, damit keiner ihn erschlüge, der ihn fände“ (Gen.4,15).

Dann erst „ging Kain vom Herrn weg und ließ sich nieder im Lande Nod“, im Land der „rastlosen Ruhelosigkeit“ (Gen.4,16).

Anders als man vermuten möchte, weiß die mythologische Erzählung zwischen projektivem und „realem“ Gottesverhalten klar zu unterscheiden: Kain *meint*, Gott habe ihn von seinem Angesicht vertrieben und ihn in den Tod geschickt, aber Gott begleitet und schützt ihn. Und Kain *meint*, Gott habe sich von ihm abgewendet, während er Abel liebe, aber Gott stellt sich in derselben Zeit zu ihm und spricht mit ihm, nur hört Kain ihn nicht, er nimmt ihn als Sprechenden nicht wahr und nicht ernst.

Mit Kains eingetretener Distanz zu Gott hat sich auch die Perspektive seiner Wirklichkeitserfahrung und, daraus folgend, seine Wirklichkeitsinterpretation verschoben. Wie er nun interpretiert und was er nun über Gott sagt, ohne in einer trajektiven Beziehung mit Gott zu stehen, leitet er aus seiner Perspektive der Gottesverlorenheit ab und projiziert es im Sinne einer „Ersatzwahrnehmung“ auf Gott. Genau dieser Mechanismus ist es, den Freud mit seinen Begriffen der „Übertragung“ und „Projektion“ zu fassen sucht: Nicht in der gelingenden insistenten Beziehung wird projiziert und übertragen, sondern die nicht gelingende Beziehungswirklichkeit im *Trajektivum* muss notwendig durch die reflexive „Ersatzlösung“ von *Projektion* und *Übertragung* ersetzt werden. Dies spielt sich dann eben nicht als trajektive Beziehung ab, in der beide Subjekte als Trajekte spüren, was das jeweils Andere spürt und meint, sondern als *objektivierende Beziehung*, in welcher dem Objekt vom Subjekt die diesem als wahrscheinlich oder naheliegend geltenden Beweggründe rekonstruktiv unterschoben beziehungsweise projektiv angedichtet werden.

Das also ist der Schematismus, der dem Menschen aufgrund der mythologischen Erzählung aus dem Verlust seines Gottesverhältnisses (in der Mythologie ist das Gottes- und Naturverhältnis ungeschieden) verblieben ist:

Der Verlust oder die Störung des Trajektivums als unmittelbar und gemeinsam erlebte intentionale Beziehungs-

wirklichkeit wird ersetzt durch die sprachlich-reflexive, „erkannte“, objektivierende - und das heißt zugleich, wenn es um lebende Objekte geht, das Subjekt des Gegenübers ersetzende, projizierende und konstruierende Beziehungswahrscheinlichkeit.

Die Genealogie von Angst und Religion

> „Kain erkannte seine Frau; sie wurde schwanger und gebar Henoch. Kain wurde Gründer einer Stadt und benannte sie nach seinem Sohn Henoch. Dem Henoch wurde Irad geboren; Irad zeugte Mehujaël, Mehujaël zeugte Metuschaël und Metuschaël zeugte Lamech. Lamech nahm sich zwei Frauen; die eine hieß Ada, die andere Zilla“ (Gen.4,17-19). „Lamech sagte zu seinen Frauen: Ada und Zilla, hört auf meine Stimme, ihr Frauen Lamechs, lauscht meiner Rede! Ja, einen Mann erschlage ich für eine Wunde und einen Knaben für eine Strieme. Wird Kain siebenfach gerächt, dann Lamech siebenundsiebzigfach“ (Gen.4, 23-24).

Das ist ein Stammbaum der Angst des Ausgestoßenwerdens und ihrer Abwehr. Kain baut sich eine Stadt zum Schutz vor seiner Angst und vor seinen Feinden. Sie ist eine wehrhafte Trutzburg, auf Verteidigung ausgerichtet, auf Kampf und Krieg, notfalls auf bis ins Unendliche gesteigerte Gewalt. An dem „77-fachen Rachelied“ des Lamech wird erkennbar, welche Dynamik diese Spirale der Angst und der entsprechenden Rache schon vier Generationen später gewonnen hat. Dabei ist die unter ihr verborgene Sehnsucht, mit Gott in der Weise Abels verbunden zu sein, kaum noch erkennbar.

Psychodynamisch ist interessant, dass die destruktive Energie des Menschen gegen den Menschen wieder nicht als Trieb beschrieben wird, sondern

- als eine Reaktion darauf, sich aus der Gemeinschaft des Lebens oder der Lebendigen ausgestoßen zu fühlen;
- dadurch, dass diese Reaktion durch den *Neid* auf den Anderen, der *drinnen* gesehen wird, den Gott, den Vater, den Bruder, ausgelöst wird;
- dadurch, dass im Aufbau der destruktiven Dynamik die „innere“ Kontaktnahme vom *Draußen* zum *Drinnen* unterbrochen ist;

- und dadurch, dass die energetische Quelle der destruktiven Dynamik selbst als geistige Dimension, als Dämon, Idee oder Fantasie beschrieben wird, auf die hin der destruktive Aggressor handelt.

Kain findet sich in der Dynamik vor, die schon in seinen Eltern Adam und Eva als „Sünde“ begonnen hatte und die schon von ihnen als ein „Draußen-sein“ und ein „Nach-Draußen-verbannt-werden“ erfahren wurde. Als sie sich mit der Schlange, dem Drachen und Dämon, in ein Gespräch einließen, hatten sie zwar irgendwie noch im Kopf, dass von Gott die Warnung ausgesprochen worden war, sie müssten sterben, wenn sie durch die Frucht des Baumes in der Mitte des Gartens zur „Erkenntnis“ kämen. Aber dann überwog die Lust beim Ansehen der Frucht und verdrängte das bessere Wissen. Adam ließ sich ohne jeden Widerstand von Eva füttern. Und als dann, nach diesem „Un-Gehorsam“, diesem *Nicht-Hören*, Gott in den Garten kam, um mit Adam zu reden, geschah Folgendes:

> „Gott der Herr rief Adam und sprach: Wo bist du? Er antwortete: Ich habe dich im Garten kommen hören; da geriet ich in Furcht, weil ich nackt bin, und versteckte mich“ (Gen.3,9-10).

Seine Scham zeigt, dass er sich im *Draußen* befindet. Er hat mit der Fähigkeit der Erkenntnis zugleich zu der Fähigkeit gefunden, sich *von außen* zu sehen, und schämt sich nun seiner Nacktheit. Darauf reagiert Gott:

> „Wer hat dir gesagt, dass du nackt bist? Hast du etwa von dem Baum gegessen, davon ich zu essen dir verboten habe?“ (Gen.3,11).

In anderen Worten sinngemäß: „Warum bist du draußen? Hast du etwa den Entwicklungs- und Erkenntnisschritt vollzogen, vor dem ich dich eindringlich gewarnt habe, dass er dir den Tod der inneren Gemeinschaft mit mir bringen würde?“

Auch Adam hatte, wie Kain, kein „Gehör“, keine Erinnerung mit Gott, als er sich auf den Dämon „Schlange“ eingelassen hatte, bis die Dynamik der Schlange in ihm zu ihrem Ziel gekommen war. Dann hörte er Gottes Reden wieder, zugleich aber hatte er die *innere* Einheit mit ihm verloren. Das wird genauso von *Ödipus* beschrieben. Ödipus' Ohren sind verschlossen gegenüber den Göttern, solange er sich in der „Dynamik des Drachen“ befindet. Noch bis zuletzt argumentiert er mit Jokaste zusammen gegen jede sich bemerkbar machende Wahrheit, die von den Göttern hätte kommen können. Erst als die Todesdynamik in ihm zu ihrem Ziel gekommen ist, hat, durch Kreon vermittelt, die Stimme des Gottes wieder eine Chance.

Jetzt, nachdem er seinen Konflikt ausgetragen hat, ist Kain *in der Wahrheit seiner Existenz angekommen*. Auch er droht wie Ödipus im Strudel dieser Wahrheit unterzugehen. Aber auch bei ihm gibt es einen Gott, der sagt: „Nicht also!“ und ihm eine neue Lebenschance einräumt, die unter seinem ausdrücklichen Schutz steht.

Die Reaktion Gottes auf Kain ist sozusagen ein Schrei des Entsetzens: „Wie konntest du nur! Du wirst dich nicht mehr als eingebunden ins Leben erfahren, sondern du wirst das Leben als eine Last erfahren, die dir auferlegt ist und die sich gegen dich richtet!“ Aber zugleich fühlt Gott sich durch das Erschrecken und die Klage Kains aufgerufen, ihm seinen besonderen Schutz zuzusagen.

Kain wird aus der *Insistenz* heraus in eine neue *Existenz* hinein entlassen. Er hat die innere Einheit mit Gott verloren. Er ist selbst-ständig geworden. Aber zugleich hat er von Gott eine Zusage bekommen, die in einer Art Schutzgarantie besteht. Im Sinne der Deutung Philos können wir sinngemäß sagen: Kain wurde unter der Angst seines Ausschlusses aus der innigen Gemeinschaft mit Gott zum Mörder seines kindlich glaubenden Geistes in Gott. Zwar verlor Kain die Einheit der Insistenz, zugleich aber begann er Gott zu hören und mit ihm zu reden.

Die Befürchtung, aus der Ureinheit ausgeschlossen zu sein, führt bei Kain zu einer tiefgreifenden Angst. Sie betäubt geradezu seine Sinne. Zumindest ist er für die warnende Stimme Gottes in diesem Zustand nicht erreichbar. In „blinder Wut“ verwickelt er sich in die Dynamik des Dämons, die ihn mit sich fortreißt. Er erschlägt seinen Bruder Abel. Damit führt er selbst genau das herbei, was er in seiner Angst zutiefst befürchtet. Psychodynamisch gesehen handelt es sich um eine progressiv-evolutionäre Angst, die ihn in ein neues Stadium seiner Entwicklung katapultiert. Gerade diesen dämonischen Zirkel hatte der Gottesrat zu durchbrechen empfohlen:

„Die Sünde ist an deiner Tür, ein lauernder Dämon. Seine Begierde ist auf dich gerichtet ist. Du aber werde Herr über ihn!“ (Gen.4,7).

Die zynische Dramatik des Geschehens liegt darin, dass der entscheidende Ausschluss aus der Gemeinschaft von Göttern und Menschen gerade von dem sich ängstigenden Menschen selbst eingeleitet wird, der sie später in seinem Schuldbewusstsein zurückzunehmen versucht, und der sie, wie auch im Ödipusmythos, in seinem ethischen Bestreben zu verhindern beabsichtigt.

Diese mythologische Dialektik scheint mir der deutlich-ste Hinweis darauf zu sein, dass es sich anthropologisch und genetisch um einen Entwicklungsschritt der *Selbstaktualisierung* handelt, der den Menschen zunächst in einen solitären Raum stellt und ihn damit zugleich aus der trajektiven Einheit der Insistenz in die Existenz herausschleudert.

Freud spricht in gleicher Weise von diesem Mechanismus, den er in einen selbst erfundenen Mythos vom „Vatermord“ kleidet, und auf den er dann als Reaktion und Internalisierungsmechanismus die psychische Instanz des *Überich* zurückführt. Dieses stellt sozusagen die durch Schuldgefühle regierende, internalisierte Repräsentanz des ermordeten Vaters dar. Also auch hier wie auch in der Konstruktion des Kastrationskomplexes kann Freud in der Gottes- und Vaterrolle nur eine negative Funktion von Verbot und Strafandrohung sehen, nicht aber die *präjektive* Funktion, welche die Worte Gottes im Ödipusmythos und in den biblischen Erzählungen zumindest *auch* haben, und durch die in beiden Mythologien „das Leben“ gewissermaßen in Gang gehalten oder erneuert wird.

Diese zweite dialektische Kraft der Angst muss als eigenständige Wurzel der evolutionär-emanzipatorischen und auch der mörderischen Aggression des Menschen verstanden werden und in die psychoanalytische Metapsychologie integriert werden. Erst so kann der „Ödipuskomplex“ in seiner Tiefe verstanden werden. Vor allem aber kann so auch verstanden werden, was als Entwicklungsschritt des vorsprachlichen zum sprechenden Kind mit dem Begriff der *Triangulierung* tiefenpsychologisch gemeint ist und von welcher inneren psychologischen Dramatik dieser Schritt begleitet wird (vgl. Kasten S.52).

Triangulierung

In der Psychoanalyse wird darunter der für die Ich-Findung notwendige Konflikt verstanden, den das Kleinkind erlebt, wenn sich die dyadische Beziehung zur Mutter um eine weitere Bezugsperson erweitert. Der Säugling in der Dyade von Mutter und Kind im unmittelbaren vorsprachlichen, also primären Kontaktsystem, ist in seinem emotionalen Empfinden auf die Mutter abgestimmt und hat Schwierigkeiten, sich einem „anderen Anderen“ zuzuwenden. Auch mit dem Vater oder dem Geschwister muss er sich im dualen Kontakt eine eigene implizite Zweisamkeit aufbauen. Der Säugling kann in dieser Phase sozusagen nicht „bis drei zählen“, solange er nur unmittelbar sinnlich und noch nicht sprachlich oder über verinnerlichte Bilder kommuniziert. Er ist auf den Andern angewiesen, der als Gegenüber sein Selbst reguliert. Wenn nun der Vater oder ein zweites Geschwisterkind auftauchen, ist das nur so lange unproblematisch, wie es ihm möglich ist, auch zu diesen ein Beziehungsverhältnis aufzubauen, in dem die Regeln des dualen Abstimmungsprozesses gelten, sodass sein primäres Beziehungsverhältnis mit der Mutter nicht durch die rivalisierenden Dritten bedroht wird.

Gegen den in die Leere seiner Angst fabulierten Feind baut Kain nun also seine Mauern und seine unmäßigen „siebzigfachen“ Abwehren auf. Diese dienen zugleich der nach innen gewendeten Abwehr seiner Angst, die er als Einzelner und Alleingelassener in dieser Welt erfährt. In der Einsamkeit des „Draußen“, das psychodynamisch wie in einer zweiten Geburt durch den Eintritt des Kindes in die Welt der Sprache entsteht, findet er sich als Subjekt einer bedrohlichen, „akkusativischen“[10] (anklagenden) Welt gegenüber. Sein Kampf ist darauf gerichtet, seine drohende „Unterwerfung“ durch seine Feinde und seine Einsamkeit zu überwinden und hinter sich zu lassen (*progressive Tendenz*). Zugleich aber ist er darauf gerichtet, ihm die Insistenz der impliziten vorsprachlichen Welt im Sinne seiner Geborgenheitssehnsucht zu ersetzen (*regressive Tendenz*). Die Klärung seiner Gedanken durch die Sprache und die durch sie möglich werdende „Erkenntnis“ treiben ihn voran, sich in der Fa-

[10] „Akkusativ“ kommt von lat. accusare = anklagen.

milien-, Gesellschafts-, und Kulturwelt eine neue Verständigungsebene und eine neue Technik der Rekonstruktion eines jetzt sprachlich zu konstruierenden *Trajektivums* zu erobern.

> *Diese zweite Geburt aus der insistenten „Mutterwelt der Natur" in die existente „Vaterwelt des Geistes" bedeutet einerseits das Hinausgetriebenwerden wie andererseits auch den emanzipatorischen Schritt, durch den sich in der Erfahrung, einer Gemeinschaft der Sprache und Erkenntnis anzugehören, das Ichbewusstsein bildet.*

In vielen *Initiationsriten* wird solch ein Schritt durch einen schmerzhaften Eingriff und ein Bewusstmachen der Einsamkeit als Subjekt begleitet. Als solcher wird der Initiant dann in die Gemeinschaft der „Männer- und Götterwelt" aufgenommen.

In der dramatischen Situation des Zusammenbruchs seiner Insistenz muss es zwangsläufig zu einer Neuorientierung und Absicherung seiner Existenz kommen. Er wird sich seiner eigenen Befreiung und Freiheit in atemberaubender Weise bewusst, sowohl was sein Alleingestelltsein, seine Schaffens- als auch seine Vernichtungskraft und schließlich seine Bereitschaft betrifft, sich in die Kultur- und Götterwelt einzustimmen und sich in ihr zu bewähren.

> *In diesem Wechsel aus der impliziten Welt des Gewahrseins in die explizite Welt des Bewusstseins entsteht die faszinierende Kraft des Menschen, die einerseits von seiner depressiven Sehnsucht nach der Geborgenheit im Schoß seiner Mutter befeuert wird, andrerseits von seiner manisch anmutenden Idee, in der Gemeinschaft der Menschen gesehen und erkannt zu werden und das Universum, auf sich selbst bezogen, gleichsam neu zu erfinden.*

Genau genommen gilt die Verzweiflung des Kain ja nicht unmittelbar seinem vom Leben bevorzugten Bruder Abel, auch wenn sie sich auf diesen richtet, er sozusagen zu ihrem „Gegenstand" wird, sondern eigentlich gilt sie dem drohenden oder ahnungsweise schon stattgehabten Verlust seiner Insistenz, die ihm an Abel, der noch in ihr ist, klar wird. Kains destruktive Aggressivität gewinnt ihre Kraft aus dem sich ankündigenden oder stattfindenden Zusammenbruch seiner eigenen *Eingeborenheit*. Es ist, positiv genommen, eine Verlust- und Todesangst, die sich in „Überlebensaggressivität" wandelt. Als Todesangst mag sie ihren realen Gegenstand verloren haben. Aber in ihrer Dynamik wendet sie sich dann ihrer angstgeborenen Fantasie, ihren Dämonen, zu und beginnt, gegen sie mit allen ihr zur Verfügung stehenden Mitteln zu kämpfen.

Genau diese Dynamik, will mir scheinen, erleben wir alltäglich im Fernsehen in solcher rational so schwer zu verstehenden, unmäßigen Destruktivität gerade solcher Völker und Gruppen, die aus ihren Sicherheit gebenden, religiös verwurzelten Kulturen in eine anders strukturierte „Weltordnung" aufbrechen. Es ist diese hier beschriebene „emanzipatorische Todesangst" um das eigene Ausgestoßensein und Überleben, die solche buchstäblich sinnenlose Destruktivität hervortreibt, und die durch jede Bedrohung von außen nicht etwa eingedämmt, sondern weiter angeheizt und angetrieben wird.

Wir sagten: Es gab auch etwas Neues in Kains Geschichte mit Gott, nämlich dass er als Sprechender ihn als Sprechenden zu hören begann. In diesem Sinne fügt die Bibel der Genealogie Kains noch eine zweite hinzu, nämlich den Stammbaum Abels:

> „Adam, der Vater Kains, erkannte noch einmal seine Frau. Sie gebar einen Sohn und nannte ihn Set (Setzling); denn sie sagte: Gott setzte mir anderen Nachwuchs ein für Abel, weil Kain ihn erschlug. Auch dem Set wurde ein Sohn geboren und er nannte ihn Enosch. Damals begann man den Namen des Herrn anzurufen" (Gen.4,25-26).

Der Stammbaum aus Seth, dem Ersatz für Abel, mündet in Enosch, dem sterblichen „Menschlein"[11], der den Namen Gottes anruft. Wie ist dieser Stammbaum im Bezug zu Lamechs Stammbaum zu verstehen?

Die biblische Mythologie von der Erschaffung des Menschen spricht davon, dass Gott dem Menschen den Sinn gegeben hat, ihm ein „Gegenüber" zu sein. Der entsprechende Text dazu heisst:

> „Gott sprach: Lasst uns Menschen machen als unser Abbild, uns ähnlich. (Als solches sollen sie) herrschen über die Fische des Meeres, über die Vögel des Himmels, über das Vieh, über die ganze Erde und über alle Kriech-

[11] Das bedeutet „Enosch".

tiere auf Erden. Gott schuf also den Menschen als sein Abbild; als Abbild Gottes schuf er ihn. Als Mann und Frau schuf er ihn und segnete ihn" (Gen.1,26-28a).

Das in diesem Text mehrfach betonte Wort „Abbild" kann man sowohl im Sinne eines *„Gegenübers zu Gott"* als auch eines *„Bildes Gottes (im Sinne einer lebendigen Gestalt) gegenüber der Kreatur"* verstehen. Auf diese Weise wird ersichtlich, dass der Stammbaum Abels in Enosch das *Gebet* nicht etwa nur als eine religiöse Übung versteht, sondern als eine Art Restitution dieses eigentlichen Sinnes des Menschen, der Gott zum Gegenüber gemacht ist und der Welt zu einem Bild und Gleichnis Gottes.

So gesehen eröffnet diese Aussage unter anthropologischer Sicht den Zugang zu einem weiteren Existential des Menschen: dass er nämlich in seiner Grundkonstitution, trotz seiner drachenhaften Rivalität zu Gott und Natur, zugleich auch als das eigentlich gemeinte, auf Gott bezogene und mit ihm in seinem Geist verbundene Wesen zu verstehen sei. Erst so haben wir den gesamten Bogen der im Menschen wirksamen Dialektik ausgespannt:

Der Mensch ist „Drachenkind" und kämpft in dieser seiner emanzipatorischen Wesensart darum, seine Schöpfungsgebundenheit und seine Gottesabhängigkeit mit aller Macht zu überwinden. Zugleich aber trägt er auch die Sehnsucht in sich, in die Eingeborenheit Gottes und der Welt zurückzukehren und in ihr zu einem Gottesbild und Gottesgegenüber zu werden, das den ursprünglichen Sinn seines Daseins erkennt und erfüllt.

So also fügen die beiden „Stammbäume" des Menschen das dialektische Menschenbild zusammen, welches wir sinngleich sowohl in der griechischen Mythologie als auch in der hebräischen „Geschichtsschreibung" dargestellt finden.

Das Auftauchen der Triade

Auf dem Weg von der Dynamik der Geburt, der Austreibung aus dem Paradies, der verlorenen Einheit mit der Materie unseres Seins und der uns aus ihr verbliebenen Sehnsucht haben wir somit den Menschen im Aufruhr kennen gelernt in seiner geradezu manischen Kraft: darauf ausgerichtet, den Tod zu überwinden und sich an den Göttern vorbei in einer die Wirklichkeit verkennenden Anstrengung zu installieren. Ohne es bewusst zu erkennen kämpft der Mensch im Aufruhr tatsächlich einen Kampf auf Leben und Tod, weil sich ihm mit dem Verlust der Einbindung in die Gemeinschaft zugleich auch der Geist des Lebens entzieht. In ihrem Wesen wird die andere Kraft, aus der er gegen den Untergang kämpft, als „Drache" beschrieben, als die Energie eines vom Tode bedrohten Lebens, dass den *Dual,* die Gegenüberschaft, den Dialog des erst in seiner geschlechtlichen Zweiheit fruchtbaren Lebens verlassen hat und sich von ihr unabhängig etablieren will. Diese Dynamik gründet in der Angst, nach dem Sturz aus der Zweieinheit von Gott und Welt nicht mehr bewahrt und aufgefangen zu werden, sondern aus ihr hinaus in den Abgrund zu stürzen. Ihr intentionales Ziel ist, sich an dem Weltgeschick der Götter vorbei eigenständig als Lenker der Weltgeschicke einzusetzen.

Die Möglichkeit des Ausschlusses des Menschen aus der innigen geistigen Gemeinschaft entsteht biographisch gerade an der Stelle, an welcher der Mensch in die *Triangulierung* tritt, in die Selbstheit der ihn vordem umschließenden dualen Einheit gegenüber. Genau hier bricht seine Angst auf, als *Dritter* in Freiheit bestehen zu müssen, wenn er nicht in den Abgrund seiner Einsamkeit stürzen will. Diese Angst der Möglichkeit ist seine *Urangst.* Sie löst seine mörderischen destruktiven Aggressionen aus, seinen blinden Kampf ums Überleben. Mit dieser Urangst entsteht im Wechsel aus der vorsprachlichen *Insistenz* in die sprach- und erkenntnisfähige *Existenz* die grundständige Angst des auf sich selbst gestellten Menschen und damit zugleich sein gefährliches Aggressionspotential, durch das er sie in Schach zu halten und alle „Feinde", auf die er sie projiziert, zu vernichten sucht.

Damit sind wir bei der Ausgestaltung der von Freud vernachlässigten „anderen" Seite des Triebgeschehens angekommen, nämlich auf der Seite, in welcher die Mythologie von geistigen Prozessen spricht, die sich im Spiegel unserer Geschichte als Kampf um Macht und Überwindung der Todesangst abspielen, und die wir erst zu verstehen lernen, wenn wir die Lehre der Mythen annehmen, dass es *angstbefeuerte Fantasien und Ideen* sind, die des Menschen natürliche Aggressionsfähigkeit in die dämonische Dimension seiner destruktiven Zerstörungskraft transformieren.

Die Psychoanalyse hat lange überlegt, ob es neben der *Libido* als Lebenstrieb auch noch einen *Todestrieb* gibt. Ja, es gibt eine ihr dialektisch zuzuordnende Größe. Aber diese kann nicht als „Trieb“ konzipiert werden, sondern als eine dialektische Reaktion auf den Lebenstrieb, eine dialektische Kraft, die mit dem Ausbruch des Menschen aus der Eingebundenheit in die Insistenz entsteht, wenn er sich der übrigen „Natur-Welt“ *allein* gegenübergestellt sieht. Insofern ist das dialektische Pendant zum Lebenstrieb nicht ein Todes*trieb*, sondern eine Todes*angst*, die als allgegenwärtiges Bedrohungspotential seine äußerste Wachheit und seine Bereitschaft zu der Qualität von Destruktivität hervorruft, die wir bei allen anderen Kreaturen so *nicht* finden.

Triangulierung

Wir befinden uns an einer wichtigen Nahtstelle, was die Übertragung der anthropologischen Aussagen über den Grundkonflikt des Menschen und seiner zentralen Funktion in die analytisch anzusetzende Psychodynamik betrifft. Darum greife ich noch einmal auf den biblischen Text zurück: Der Rauch des Opfers Abels steigt auf zu Gott, und Gott sieht ihn an. Aber Kains Opfer bringt keinen Erfolg. Gott sieht ihn nicht an oder er sieht ihn anders an als Abel. Abel hat anscheinend einen Zugang zu Gott, den Kain auch gern hätte. Und wie das bei Kindern so ist: In dem Moment, wo Kain sich dessen inne wird, ist der Geschwisterkonflikt geboren. Er vergisst, dass er zuhause im Schoß der Mutter sitzt und sieht statt dessen nur noch Abel und dessen Ansehen beim Vater.

Gott nimmt das Gespräch mit ihm auf. Er spricht ihn an auf das, was gerade geschieht. Gott sieht also auch ihn, aber die *Beziehung*, in welcher er zu ihm steht, ist anders als die zu Abel. Kain hätte ja auch stolz sein können, dass Abel noch sichtbare Zeichen der Zuwendung Gottes benötigt, während Gott mit ihm wie mit einem Partner redet. Gott befindet sich mit Kain in diesem Augenblick nicht in der *dualen* Einheit des *primären* Kontaktsystems wie mit Abel, sondern einen Schritt weiter: Er tritt zu Kain in eine neue Art der Beziehung, in die *trajektive* Einheit des *sekundären* Kontaktsystems, welches durch die gemeinsame Sprache gebildet wird. *Aus Kains Sicht wird er damit aber aus der Insistenz in die Existenz verstoßen.* Er befindet sich mit Gott nicht mehr im impliziten System, in welchem unmittelbares Einverständnis über die Sinne und deren emotionale und neuronale

Resonanz vermittelt und abgestimmt wird. Aus seiner noch *dyadischen* Sicht bricht daher die Angst in ihm auf, *ausgestoßen* zu sein. Er kennt die Einigkeit freier Wesen im Geist der Sprache noch nicht.

Solange er in der sich anscheinend ausdünnenden Primärdynamik der Dyade befangen ist, ist er zur gleichen Zeit für die Stimme Gottes beziehungsweise des Vaters, die für ihn „von außen" kommt, nicht empfänglich. Wenn er es wagen würde, aus der Dyade in die *Monade* zu wechseln, dann würde er erfahren, dass er in einem *erwachseneren* Sinne *„innen*" ist, nämlich vereint mit Gott in einem neuen großartigen Kosmos, der durch den Geist der Sprache gestiftet wird. Er würde in diesen geistigen Kosmos eintreten. Dieser fordert von ihm, dass er sich auf diese ganz andere und neue Beziehungsform des Vaters einlässt, die nicht pathisch-teilnehmend über die bewegungsbegleitende Emotion, sondern zunächst aktiv über das Wort und erst in zweiter Linie mittelbar über die Emotion vermittelt wird. Aber dieser Forderung gegenüber, die ein Loslassen der unmittelbaren Eingebundenheit erfordert, ist er durch seine Angst blockiert, im Moment des Loslassens nach „draußen" geschleudert zu werden.

Eltern kennen das von ihren Kindern. Der Säugling ist gänzlich in der Dyade befangen. Auch wenn er versucht, bildlich gesprochen, sich zum Herrn der Dyade zu machen, indem er solange schreit, bis das, was er will, geschieht, bleibt er in dieser Dyade. Ihm ist es dann lediglich innerhalb ihrer gelungen, die Machtverhältnisse umzukehren und sich an die impulsgebende Stelle des Systems zu setzen. Immer wenn in einem Machtsystem die Untergebenen ihrer Eigenständigkeit beraubt und sie den Zielen und Motiven des Systemführers unterworfen werden, unabhängig davon, ob diese Unterwerfung bewusst und mit Einwilligung geschieht oder nicht, dürfen wir annehmen, dass sich der entsprechende Machthabende dieser in den frühesten Tagen des Säuglings angelegten *dyadischen Primärstruktur* bedient. Sie basiert auf dem Instinkt des Säuglings, dass er ohne den Systemführer nicht überleben kann. So gründen sich familiäre und politische Machtstrukturen in den tiefsten Erlebnisstrukturen unserer Kindheit. Sie binden den jeweils Abhängigen in eine Atmosphäre des Versorgt-Werdens ein und schüren seine Verlustängste, wenn er aufzubegehren droht.

Solange sich der ältere Bruder des Säuglings in den innigen Stimmungskosmos mit dem Baby und der Mutter oder dem Vater einfügt und innnerhalb seiner erlebt, gibt es keine Probleme. Im Gegenteil, sie finden sich zu dritt oder zu viert in einer besonderen Art gemeinsamer Glückseligkeit, obwohl sie schon nicht mehr eine dyadische Einheit, sondern eine Drei- oder Vierpersonen-Einheit sind. Aber wenn der ältere Bruder sich plötzlich als „draußen" erlebt, weil er die Nähe seines Bruders in der dualen Einheit mit Vater oder Mutter erkennt, entsteht ein Bruch. Die entsprechende Psychodialektik lautet: Wenn er den Anderen als „drinnen" erkennt, ist er selbst „draußen". Denn ohne dieses „Draußensein" gibt es kein Erkennen.[12] Wenn also die Mutter zum Beispiel den Säugling stillt und der Vater den älteren Bruder bei der Hand nehmen will und sagt: „Komm, ich bring dich ins Bett und erzähle dir eine Geschichte" dann kann es passieren, dass gerade diese gut gemeinte freundschaftliche Zuwendung des Vaters genau das Gegenteil seiner Absicht bewirkt: Sie macht diesem älteren Bruder seine Ausgrenzung aus dem mütterlichen Stimmungskosmos bewusst, anstatt das Bewusstsein der Einheit mit dem Vater zu aktualisieren, und weckt damit diese seine Angst, von der wir hier gerade sprechen. Obwohl er sonst gerade im Geschichten-Erzählen die Einheit mit dem Vater fühlt und genießt, überwiegt jetzt das Gewicht seiner Erkenntnis, aus der mütterlichen Einheit herausgedrängt zu werden.

Gegen seine Sehnsucht, in der Innenwelt zu bleiben, beginnt sich die „andere Welt" des Vaters nun als „Außenwelt" durchzusetzen. Die *Triangulierung* beginnt. Mit diesem Prinzip der Triangulierung haben wir es bis ins reife Erwachsenenalter in der Psychotherapie zu tun, insbesondere dort, wo von „Frühstörungen" oder von „narzisstischen Störungen" gesprochen wird.

Die andere Kraft

Sigmund Freud rätselte daran, dass es etwas gab, was er „Destruktions-" oder „Todestrieb" nannte, das nicht direkt aus der Libido ableitbar war, gleichwohl aber mit ihr in einem kontrastierenden, inneren Zusammenhang stand. Es müsste für die ewigen Machtkämpfe zwischen den ältesten und jüngeren Söhnen eine Erklärung geben; es müsste für die furchtbare Verfolgung

---

[12] Hier ist das Prinzip der gegenseitigen Verborgenheit der Gestaltkreistheorie Viktor von Weizsäckers von fundamentaler Bedeutung: Worin wir uns bewegen, was wir gerade erleben, das erkennen wir im selben Augenblick nicht; und was wir im objektiven Sinne erkennen, mit dem sind wir im selben Moment nicht begegnend oder erlebend verbunden.

und Vernichtung der Juden eine Erklärung geben; es müsste für die Millionen Toten, die dem Kommunismus als Opfer gebracht wurden, eine Erklärung geben; es müsste eine Erklärung geben, warum „im Namen“ von Volkszugehörigkeit, Religion und Ideologie heute wie gestern Menschen unterdrückt, gefoltert, ausgeschlossen, hingerichtet, abgeschlachtet werden.

Väter, Götter, Götzen

Freud hat die „Götter“ nicht ernst genommen, die geistigen Intentionen, die eine andere Art von Verbundenheit zustande bringen als die Libido, und aus denen herauszufallen lebensgefährlich, ja tödlich sein kann. Die Idealität, die Ödipus trieb und die dazu führte, seinen Vater zu erschlagen, die Suche nach dem *verlorenen* Vater, nach dem, was dem Leben Richtung, Ziel und Sinn geben kann, sie kam Freud nicht so konkret in den Blick, dass er sie mit dem Phänomen der Aggression und vor allem der Destruktion in unmittelbare Verbindung bringen konnte. Verwirrend kam hinzu, dass ja auch die Libido sich in Aggression äußern kann, dass dieser „natürlichen“ und aus der Tierwelt geläufigen Aggression aber das besondere und nur menschliche Kennzeichen von *Destruktivität* fehlt, dem Freud auf der Spur war.

Noch heute stocken viele Menschen bei dem Satz, dass die meisten Kriege, Menschen- und Tieropfer im Namen von Religion, Ideologie und anderen „Gottheiten“ verübt wurden, deren Spuren in Form von *Intentionen* (*Präjektiva*) in uns zu finden sind. Besonders auch die moderne Kriegsführung weiß, dass ein Krieg und all seine Grausamkeiten mit geistigen Erklärungen beginnt, die dem Feind alle intentionalen Werte absprechen, welchen die eigene Volksgemeinschaft „dient“. Auf diese Weise wird dieser Feind tatsächlich zuerst geistig und moralisch aus der inneren Gemeinschaft ausgeschlossen, bevor die Vernichtungsmaschinerie des Krieges auf ihn gerichtet wird. Es gibt einen innigen Zusammenhang zwischen den vielen geopferten Toten und der Idee, Ideologie oder Religion, denen sie geopfert wurden.

Man sieht einem Menschen nicht an, dass er schlecht wäre und getötet werden müsste, sondern man ordnet ihn unter einen Gott, unter eine Ideologie, eine „Idee“, und sich selbst unter eine wahrere, gerechtere, „höhere“. Erst dieses berechtigt uns, ihn zu töten. Die „Ideen“ sind die Götter und Götzen, welche solche Gewalt legitimieren. Es geht um das „Innen“ und „Außen“,

um die Einheit im „Geist“ und um die „Dämonen“: die nicht verorteten, „nach draußen“ verbannten Geister.
Weil Freud erklärter Atheist war, konnte er nicht sehen, dass diese andere Dynamik der Götter genauso ernst genommen und genauso entmythologisiert werden kann und muss wie die von ihm entdeckte biologische, die mit seinem materialistischen Ansatz im Einklang stand. Er „glaubte“ nicht an die Götter. Er hätte aber fragen müssen: Was *entspricht* den Göttern unter uns Menschen als deren erfahrbare Wirklichkeit? Diese Frage ist nicht identisch mit der Frage, ob ich an Gott oder die Götter „glaube“, sondern sie entspricht der Logik der existentialen Interpretation der von den Mythen beschriebenen Wirklichkeit. Wir gehen davon aus, dass die Mythen unsere existentielle Wirklichkeit in bildhaften Erzählungen deuten. Die an sie zu richtende Fragen müssen heißen:

- Von welchen Kräften, die wir in unserer existentiellen Wirklichkeit vorfinden, sprechen sie?
- Wie deuten sie in ihrer Denkweise deren Wirkweise in unserer Existenz?
- Auf welche strukturellen Kategorien (Existentialien) führen sie unsere menschlichen Grundkonflikte zurück?

Wir sprechen hier also nicht darüber, ob es Gott gibt und ob ein Psychologe an ihn glauben sollte, sondern wir finden, dass die religiösen Mythen eine sozialgrammatische Stelle mit Bildern von „Göttern“ ausfüllen, denen sie ungeheure Wirkungen unterstellen. Und wir versuchen, diese Götterbilder als Kategorie[13]*, als wirksames Existential zu fassen, als Kraft, die unser Leben entscheidend mitbestimmt. Wir fragen, was als deren Äquivalent in einer psychologischen Anthropologie angesetzt werden muss.*

Es ist für die tiefenpsychologische Analyse nicht von Belang, ob zum Beispiel Karl Marx sich zum Atheisten *erklärt*, der „an den Göttern vorbei“ deren Friedensreich bauen will. Viel wichtiger ist, dass er das von dem Propheten Jesaja verkündigte Reich des Friedens und der Gerechtigkeit, also die Zielvision alles geschichtlichen menschlichen Lebens, die in der jüdisch-christlichen Religion Gott zugeschrieben wird, als kommunistisches Weltreich errichten will. Denn so kann man den Vorgang genau

[13] Philosophisch gesehen sind Kategorien Grundformen des Daseins.

nach dem Muster verstehen, das in der Mythologie, etwa im Mythos von Ixion, beschrieben wird.

Marx nimmt diese Zielposition buchstäblich, wie Feuerbach es empfiehlt, „aus der Götter Hand". Und seine politischen Nachfolger, insbesondere Joseph Stalin, bringen dann dieser vergotteten Idee, dieser Nephele, Millionen Menschenopfer. Wie Ixion bemerken auch Stalin und seine Genossen nicht, das sich das prophezeite Friedensreich, diese geschichtseschatologische Kategorie, zur Nephele verwandelt, wenn er sie aus dem Zusammenhang mit dem Gott Israels herauslöst. Sie wandelt sich in einen *ideologischen Imperativ*, der dann im Bankrott des Kommunistischen Systems, in brutaler Gewalt und am Unvermögen des Menschen endet. So genau wird es im Mythos bildreich beschrieben.[14]

Dieser progressiv aggressive Trieb, der sich atheistisch, das heißt *gottverneinend* mit seinem Ziel identifiziert, strebt zugleich eine Transzendierung der gegebenen Verhältnisse an, die bei Feuerbach und Marx noch in einen eschatologischen Zustand münden sollen, der zugleich das Ziel der Geschichte und damit auch ihr Ende bedeutet. Erst unter Stalin als „zweiter Generation", analog zu Lajos und Ödipus als erster und zweiter Generation im Ödipusmythos, verliert er diesen eschatologischen Bezug und nimmt die Form einer trotzigen Selbstbehauptung an, die schließlich mehr von Angst und Gewalt als von einer geistigen Idee im Sinne einer lebendigen Gesellschaftsvision geprägt ist. Insgesamt aber wirkt diese *progressiv-aggressive* Kraft mitsamt ihren mehr oder weniger bewussten intentionalen Zielvorstellungen in keiner Weise weniger in unsere gemeinschaftliche und individuelle Geschichte hinein wie die Kraft, welche Freud als letztlich *konservativ-regressive Libido* erkennt und benennt.

Dieser progressive Trieb will - mythisch gesprochen - unsere immanente Erd- und Muttergebundenheit überwinden und uns durch einen gewaltsamen Schritt in die Erkenntniskraft der Götter- und Väterwelt führen. Er will die Oberhand gewinnen, will besiegen, übertreffen, übersteigen, ein Gott werden. Er will sich selbst als Mann und Gott initiieren in der Gemeinschaft der Götter. Angetrieben wird er darin von der Todesangst, ins Nichts gesto-

[14] Vgl. oben das Kapitel über Ixion.

ßen zu werden, wenn er die Einheit und Einbindung ins Menschengeschlecht verliert.

Entwicklungsgenetisch sieht das Ganze ziemlich harmlos aus. Da geht es um einen notwendigen Schritt vom ersten in das zweite Kontaktsystem, von der sinnlich unmittelbaren, ausschließenden Beziehung, die im „Kosmos der Mutter" stattfindet, in die geistige, sprachlich repräsentierte, „trialogische" und „offene" Beziehung, für die der „Kosmos des Vaters" steht. In dieser Unterscheidung liegt die entscheidende formale Bestimmung, unter der wir die Entstehung des Grundkonflikts als entwicklungsgenetisches Phänomen festmachen und genauer beschreiben können.
Beide Kräfte sind von ganz unterschiedlicher Art. Diesen Unterschied hat Kain nicht erkannt. Freud hat ihn gespürt, aber auch nicht erkannt. Kain sah sein Erstgeburtsrecht, wie wir aus der Folgegeschichte sehen, zu Unrecht dadurch bedroht, dass Gott Abels Opfer „ansah". Hätte er die Kraft gefunden, das unmittelbare Beziehungssystem seiner ihn liebenden Mutter hinter sich zu lassen und in das „väterliche Kontaktsystem" eines partnerschaftlich mit ihm *sprechenden* Vaters einzutreten, wäre es in seiner Krise nicht zum Totschlag seines Bruders, sondern zu einer Neuordnung seines Erkenntnissystems beziehungsweise zur Entdeckung der Andersartigkeit der Vaterwelt gekommen.

Ödipus vollzieht diesen Schritt in der symbolischen Form, dass er sich blendet. Er wendet sich von der äußeren „Scheinwirklichkeit" der Mutterwelt, in die er alles gesetzt hatte, ab. Erst im Moment des Durchschreitens dieser Krise werden ihm die geistigen Augen für die zweite Wirklichkeit, für eine neue Dimension seines im Tod geglaubten Lebens geöffnet.

Kain erlebt Neid und vor allem Todesangst. Die Angst, die er anschließend als „real" beschreibt, wirkt energetisch schon als drohende Gefahr in ihm, als er sieht, dass Abels Opfer angenommen wird, seines aber nicht. Später wird er sagen:

> „Du hast mich heute vom Ackerland verjagt und ich muss mich vor deinem Angesicht verbergen; rastlos und ruhelos werde ich auf der Erde sein und wer mich findet, wird mich erschlagen" (Gen. 4,14).

Das ist Existenzangst, Todesangst, die entsteht, wenn man sich vom Geist des Lebens und aus der Gemeinschaft der Lebenden ausgeschlossen sieht. Und dies ist die „grundständige Angst", die Quelle der Destruktivität, nach der wir suchten.

Durch die Krise seines unmittelbaren Naturverhältnisses hindurch findet der Mensch zu seiner eigenen Geistigkeit und zur Einbindung in den Kosmos der *Sprache*. Aber diesem „Finden" geht sowohl im Ödipusmythos als auch in der Kainserzählung eben eine Krise, ein Innewerden der eigenen „Existenz zum Tode" voraus. Genau so wird im Mythos von dem gesprochen, was wir als „Existenzkonflikt des Menschen", als seinen „Grund-

Fallbeispiel

Seinerzeit wurde mir ein Patient aus einem tief gestörten Milieu zum Lehrer, der mich über die wahre dialektische Natur dessen, was wir Destruktionstrieb nennen, aufklärte. Er zeigte mir an seiner eigenen Geschichte, wie auch noch im tiefsten und brutalsten Missbrauch sowohl beim Missbrauchten als auch bei seinem Missbraucher das Bewusstsein für die Schuld wirksam ist, das Leben zerstört zu haben, und wie gerade diese Schuld und die entsprechend verzweifelte *Hoffnung*, alles Zerstörte wieder heil machen zu können, zu immer wieder neuen Exzessen führt: *Diesmal* wird es doch gelingen, sich in „echter Liebe" zu begegnen! Immer verzweifelter und immer grausamer wurde das Scheitern des Vaters in solchen Versuchen, sodass schließlich sogar der misshandelte und missbrauchte Sohn mit ihm litt und sich mit ihm in einer perversen, recht eigentlich „dämonischen" Hoffnung auf Heilung durch immer wieder neue Exzesse verband.

Ich begriff an dieser furchtbaren Geschichte, dass selbst noch die demütigendste Gewalterfahrung vom Sohn hingenommen wurde, um der noch größeren Todesangst vor der Ausstoßung aus seiner „Liebesgemeinschaft" mit dem Vater zu entgehen; und wie die Sehnsucht des Aufgenommenseins in diese Liebesgemeinschaft ein Kind dazu bringt, sich den brutalsten Züchtigungen und Folterungen seiner Eltern und später den Clan-Göttern zu unterwerfen, ja, sich in gewisser Weise sogar mit ihnen zu identifizieren.

konflikt“, als das psychologische Problem seiner „Triangulierung“ beschreiben, die er durchschreiten muss, um in Freiheit in die Gemeinschaft der Menschen (in deren WIR) eingehen zu können.

Damit sind wir in der Ausgestaltung der von Freud vernachlässigten „anderen“ Seite des Triebgeschehens angekommen, nämlich der Seite, auf welcher die Mythologie von geistigen Prozessen spricht, die sich im Spiegel unserer individuellen und gemeinsamen Geschichte als manchmal unerbittlicher und rücksichtsloser Kampf um Macht und Überwindung abspielen.

Die Mythen beschreiben den Menschen in einer Art Zerreißprobe zwischen den biologisch-materiellen Kräften seiner Herkunft und den geistig-ideellen seiner Zielbestimmung. Die wirksamen Götter und ihre Repräsentanzen, die Väter, müssen das ohne sie unvollständige Bild der Ödipus- und Mutterproblematik ergänzen. Dadurch bekommen wir tiefere Einblicke in das destruktive Potential unserer nicht gelingenden Beziehung zum Vater als symbolischem „Zielführer“ unseres Werdens. Und wir werden uns klarer über das eigentliche Problem unseres ICH als dritter Person gegenüber Vater und Mutter.

Wir haben es *nicht* mit einem „einfachen“ „Todes- oder Destruktionstrieb“ zu tun, wie Freud sagte, der tief in uns läge als Lust an der Zerstörung, sondern dieser „Trieb“ wird in der Mythologie von vornherein dialektisch als ursprünglich geistige Kraft konzipiert, die Befangenheit in der „mütterlichen Biologie“ zu sprengen, um in den „väterlichen“ Kosmos des Erkennens, Schaffens und Herrschens hinüberzuwechseln und in ihm tätig zu werden. Erst die Gefährdung auf diesem Weg oder sein drohendes Scheitern setzt die destruktive Todesenergie frei, die aus Kränkung und Verbitterung, aus Rache und Selbsthass einen verzweifelten Kampf um Alles oder Nichts kämpft, einen Kampf, in dem es um Tod und Leben geht und der kein Erbarmen kennt.

Unter dem Aspekt der Götter, das heißt der wirksamen Familien- Stammes-, Gemeinschafts- und Völkerideologien, erhalten die weitgehend unbewussten Regeln und Ziele menschlicher Gemeinschaft eine Wichtigkeit ersten Ranges nicht nur in der Politik, sondern auch in der psychoanalytischen Psychotherapie. Denn sie entscheiden darüber, wer „dem Geiste nach“ als Mitglied seiner Gemeinschaft anerkannt wird und welchen Rang er darin genießt.

Absalom

Ich hatte oben unter der Überschrift „Ein grundsätzlicher Unterschied“ über die geschichtliche Denkweise im hebräischen Denken gesprochen und dann an der biblischen Erzählung von Kain und Abel demonstriert, wie es inhaltlich-existentialanthropologisch in dieser anderen Denk- und Erzählweise doch zu gleichen Aussagen kommt wie in der griechischen Mythologie. Das möchte ich noch durch die biblische Geschichte von Absalom, dem Königssohn, unterstreichen (2. Sam. 13 -19), in welcher sich in klassischer Form sowohl der Ödipuskomplex als auch der „Kainskomplex“ wieder findet.

Absalom ist gekränkt, weil sein Vater David die Vergewaltigung seiner Halbschwester Tamar durch seinen und deren Halbbruder Amnon ungerächt oder nur halbherzig gerächt lässt. Denn König David liebt diesen seinen Sohn Amnon. Absalom geht also ursprünglich von der Idee der „Gerechtigkeit“ aus, deren höchster Repräsentant in Israel der König David, sein Vater ist. Aber nun erkennt er ihn als „nicht gut genug“ und nicht gerecht genug. Das wird ihm zum Impuls, ihn zu übertreffen und ihn vom Thron zu stoßen. Wieder begegnet uns hier das eine Motiv, über das wir ausführlich sprachen: Der Sohn will an den Göttern oder dem Vater vorbei der gerechtere und klügere König sein.

Es gilt dabei festzuhalten, dass die Gerechtigkeitsidee zuerst da ist und dass Absalom die Qualifizierung seines Vaters als König an dieser Idee misst, die nun als „dynamisierte Idee“ zu einem selbst wirksamen Gott oder Götzen wird. Das ist kennzeichnend für die Weisen destruktiver Aggression: Zunächst ist da eine geheiligte, eine angestrebte, göttliche oder vergottete Idee, ein gefährlicher und lebensbedrohlicher Feind, oder beides. Die vergottete Idee gibt dann die innere Rechtfertigung der zu ihrer Verwirklichung oder Verteidigung eingesetzen destruktiven Gewalt ab.

Als Absalom noch jünger war, gab es nur den tiefen Wunsch für ihn, von David, seinem Vater, anerkannt und geliebt zu werden. Aber dann tauchte Amnon auf, den David scheinbar lieber hatte als ihn. „Scheinbar“: damit beginnt das Problem, so wie es auch bei Kain damit begonnen hatte, als er sah, dass Gott, dem Anschein nach, Abel mehr liebte als ihn. Nun geht es schon nicht mehr darum, Tamar Gerechtigkeit zu verschaffen, sondern nun kommt diese andere Kraft wesentlich und dynamisierend hinzu: Absaloms Konkurrenz zu Amnon.

Zu seinem Vater David hat er sozusagen ein „unglücklich liebendes“ Verhältnis, aber Amnon sieht er in objektiver Distanz. Auch Absalom wird von David geliebt, wie wir aus der späteren Geschichte erfahren. Aber nur einer der Söhne kann später an Davids statt König werden. Hier also geht es nicht mehr nur um eine primär libidinöse Beziehung, sondern um eine erkenntnisorientierte Frage der „Macht im Staate“ und ihrer geistigen Repräsentation. Das ist eine mit erstaunlicher Präzision erzählte Version des „Kainskomplexes“, wie er zugleich als „Hybris“ im griechischen Mythos und als „Sündenfall“ in der biblischen Erzählung abgebildet ist.

Absalom also will an seinem Vater vorbei selbst König werden, weil er sich selbst die bessere Erkenntnis und das bessere Gerechtigkeitsbewusstsein beimisst. Das wenigstens gibt er vor, wenn er im Tor der Stadt sitzt und Recht spricht für die, welche eigentlich die Gerechtigkeit seines Vaters David suchten (2. Sam. 15,2ff). Und nun kommt neben der Liebe zum Vater auch das zweite Kennzeichen des Kainskomplexes ins Spiel: Absalom sammelt sich ein Heer und zieht gegen seinen Vater in den Krieg. Die Libido kann sich auch sehr aggressiv gebärden, aber sie sammelt kein Heer. *Lieben und nahe sein kann man nicht multiplizieren, aber die Macht lässt sich multiplizieren, denn sie organisiert sich nicht in der Beziehung, sondern im kognitiven Kalkül.* Tatsächlich schafft es Absalom, dass sein Vater David als verhöhnter Mann aus der Königsstadt fliehen muss. David klagt:

> „Siehe, mein Sohn, der von meinem Leibe gekommen ist, stellt mir nach meinem Leben“ (2. Sam. 16,11).

David lässt seine Nebenfrauen zurück, damit sie sein Haus hüten sollten. Als Absalom den Palast in Besitz nimmt, empfiehlt ihm Ahitophel, sein Berater:

> „’Geh zu den Nebenfrauen deines Vaters, die er hier gelassen hat, um das Haus zu bewachen. So wird ganz Israel erfahren, dass du dich bei deinem Vater verhasst gemacht hast, und alle, die zu dir halten, werden ermutigt.’ Man errichtete für Absalom ein Zelt auf dem Dach, und Absalom ging vor den Augen ganz Israels ein zu den Nebenfrauen seines Vaters. Ein Rat, den Ahitofel gab, galt in jenen Tagen so viel, als hätte man ein Gotteswort erbeten. So viel galt jeder Rat Ahitofels, bei David wie bei Abschalom“ (1. Sam. 16,20-23).

Er tritt also einen eindeutigen Beweis der übernommenen Herrschaft in der Weise an, dass er den Beischlaf mit Davids Nebenfrauen vollzieht. Genau so ist es auch im Ödipusmythos: Wer, wie im Schachspiel, die Frau des Königs besitzt, hat das Machtproblem gelöst: Er hat gewonnen. Er selbst ist König.

Aber, hier wie da, wendet sich das Geschick. Davids Truppen schlagen die Truppen Absaloms und töten ihn. Und dann heißt es:

> „Da erbebte der König und ging hinauf in das Obergemach des Tores und weinte und im Gehen rief er: Mein Sohn Absalom! Mein Sohn, mein Sohn Absalom! Wollte Gott, ich wäre für dich gestorben! O Absalom, mein Sohn, mein Sohn!" (2. Sam.19,1).

Hier in der biblischen Verarbeitung des Themas wird David nicht durch seinen Sohn Absalom getötet, wie es der Freud'sche Vatertötungsmythos will, sondern Absaloms eigentliches Ziel geht darüber hinaus. Er will die unfehlbare, die „ideale" Königsherrschaft und glaubt sich selbst dazu berufen. Er will sich rivalisierend über den Vater hinaus als der „bessere König" installieren. Daran geht er letztlich selbst zugrunde. Trotzdem aber wird Absalom so wie Ödipus von seinem Onkel Kreon und Kain von Gott bis zuletzt von seinem Vater David geliebt. Auch hier zeigt sich kein „dräuender Gott", der seinen Zorn an den Bösen auslässt. Der Untergang Absaloms wird nicht als Rache oder Strafe seines Vaters David beschrieben, sondern als eine sich ergebende Folge der Fehleinschätzung Absaloms seiner selbst und seiner Wirklichkeit. Das wiederum stimmt überein mit der mythologischen Interpretation, dass die Erkenntnisfähigkeit des Menschen zwar nahe an die der Götter heranreicht, dass diese Erkenntnis aber zugleich doch nur eine Spiegelung des Lebens im Medium der Reflexivität des Menschen ist. Ihr fehlt das Kriterium, griechisch gesprochen: des Seins, hebräisch gesprochen: des Lebens, und der entsprechenden Fähigkeit, die Geister des Todes von denen des Lebens zu unterscheiden. Sie bleibt, griechisch gesprochen: in den Schattenbildern der Wirklichkeit befangen und verwechselt diese mit der Wirklichkeit, oder, hebräisch gesprochen: sie bleibt „in der Lüge befangen" und verliert darin den Kontakt zu Gottes Geschichtswirklichkeit. Das aber wiederum wird in seiner Wurzel auf die „Eigendynamik" des *Drachens* oder der *Schlange*, also auf die Eigendynamik des von den Göttern abgefallenen Lebens, zurückgeführt. Im Lautwerden der eigenen Herrschsucht als Versuch, die eigene Einsamkeit und Angst, den Schwindel der errungenen Freiheit, zum Schweigen zu bringen, hört zugleich die Fähigkeit auf, die, im griechischen Sinne: wahren Worte der Götter oder, im hebräischen Sinne: die lebendigen Worte Gottes zu hören und in ihrem Raum gemeinsam mit den Göttern oder Gott zu leben. Mit der Unfähigkeit, in der Wahrheit beziehungsweise im Gegenüber zu den Göttern zu leben, hört zugleich das Leben überhaupt auf. Es zerstört sich selbst, es beginnt unweigerlich, sich selbst zu demontieren.

Manche, insbesondere die atheistischen Existentialisten, meinen, der Mensch müsse sich auch noch von der Gottesidee und den Fragen nach Berufung und Sinn verabschieden, um dann in der errungenen tatsächlichen Freiheit zu leben. Andere versuchen, die Frage nach Sinn und Berufung als menschliche Frage zu akzeptieren, die zugleich aber nie eine Antwort finden wird. Und wieder andere fragen, warum gerade nur der Mensch sich in der verzweifelten Lage befindet, das, was er als Leben erkennt, nicht oder nicht mehr leben zu können, weil er irgendeine Chance dazu verpasst zu haben scheint. So schreibt Marlen Haushofer in ihrem Roman „Die Wand“:[15]

> „Nur wir sind dazu verurteilt, einer Bedeutung nachzujagen, die es nicht geben kann. Ich weiß nicht, ob ich mich jemals mit dieser Erkenntnis abfinden werde. Es ist schwer, einen uralten eingefleischten Größenwahn abzulegen. Ich bedaure die Tiere, und ich bedaure die Menschen, weil sie ungefragt in dieses Leben geworfen werden. Vielleicht sind die Menschen bedauernswerter, denn sie besitzen genau so viel Verstand, um sich gegen den natürlichen Ablauf der Dinge zu wehren. Das hat sie böse und verzweifelt werden lassen und wenig liebenswert. Dabei wäre es möglich gewesen, anders zu leben. Es gibt keine vernünftigere Regung als Liebe. Sie macht dem Liebenden und dem Geliebten das Leben erträglicher. Nur, wir hätten rechtzeitig erkennen sollen, dass dies unsere einzige Möglichkeit war, unsere einzige Hoffnung auf ein besseres Leben. Für ein unendliches Heer von Toten ist die einzige Möglichkeit des Menschen für immer vertan. Immer wieder muss ich daran denken. Ich kann nicht verstehen, warum wir den falschen Weg einschlagen mussten. Ich weiß nur, dass es zu spät ist.“

[15] Marlen Haushofer, *Die Wand,* (List: Berlin, 2012), 16.

Die Wurzel der Art von lebenzerstörender Destruktivität, die wir in dieser Form nur beim Menschen finden, liegt in der Angst des Menschen um den Verlust seines eigenen Lebens. So wird es uns im Ödipusmythos und in der Erzählung von Kain und Abel gedeutet. So wird auch das erstaunliche Phänomen verständlich, dass der Mensch zur Legitimation dieser seiner destruktiven Gewalt nicht nur seinen Anspruch auf Selbstheit und Freiheit geltend macht, sondern dass er sie zugleich mit dem Ruf seiner Götter, Ziele und Ideale (seiner Götzen) und deren Bedrohung durch seine Feinde, legitimiert. Dieses Phänomen ist wiederum genau das, was im Hebräischen als „Lügengeist" oder als Leben „in der Lüge" (als existentielle Kategorie) deklariert wird.

In Wahrheit steht also der Sehnsucht des Menschen nach Eingeborenheit in die Insistenz eines ihn umfangenden Lebens zugleich der unerbittliche Drang entgegen, der aus der untergründigen Angst entsteht, aus der Einheit gerade dieses Lebens verstoßen worden zu sein. Für die Mythologie besteht darum die zentrale Frage ihrer Mythen immer wieder darin, wie der Mensch sich zu dieser letztlich einzigen und zentralen Frage seiner Existenz verhält. Er „weiß" einerseits, dass die Götter ihn als Freund wollen (griechisch), dass er Gott zum Partner und Gegenüber gemacht ist (hebräisch). Und er ist andrerseits von der jederzeit und durch den kleinsten Anlass aufbrechenden Angst in seiner Tiefe bedroht, aus dieser existentialen Ordnung des DU seines Gottes schon längst verbannt worden zu sein.

In dieser Angst zeigen die Mythen die Reaktion des Menschen in zweierlei Richtung auf:

- Aus der ihn ängstigenden freien Gegenüber-Position zu den Göttern in die Geborgenheit des längst verlorenen Mutterschosses zurück zu fliehen.
- In der Anrufung eigener Götzen diese ängstigende Abhängigkeit zu überwinden und sich aus eigener Erkenntnis selbst als Gott in einer sicheren Behausung einzurichten.

Nichts Geringeres steht hinter dem, was Freud als zentrales Problem des Menschen in seinem „Ödipuskomplex" formuliert. In diesem sieht er die Wurzel aller neurotischen Erkrankungen und auch der Psychosen. Er fordert, dass die Psychoanalyse diesen Grundkonflikt zum Ausgangspunkt aller ihrer theoretischen und therapeutischen Bemühungen macht.

Wir haben Freuds Ansatz, der eigentlich nur mehr das regressive Gesicht der Reaktion des Menschen in seiner Libidotheorie betont, um das dialektisch zu ihr stehende „zweite Gesicht“ seiner erkenntnisgeleiteten Progressivität erweitert und gefordert, dass der unbewussten Angst des Menschen um seine Verlorenheit ein im Rang gleichgewichtiger Platz gegenüber der Libidotheorie eingeräumt wird. Erst so bekommen wir einen Zugang zu der bislang psychologisch rätselhaften Destruktivität, die wir bei keiner Kreatur außer bei uns Menschen finden.

Ein erweitertes Menschenbild

Die exemplarische Erarbeitung des griechischen Mythos vom König Ödipus und der biblischen Erzählung von Kain und Abel hinsichtlich des in ihnen gezeichneten Menschenbildes war unser erstes Ziel. Die Frage dazu war, ob und wie sich das Menschenbild der Psychoanalyse vom biblischen Menschenbild unterscheidet.

Als Ergebnis haben wir herausgefunden, dass der klassische Mythos vom König Ödipus, welcher der psychoanalytischen Anthropologie zugrunde liegt, den tiefsten Konflikt des Menschen in überraschender Ähnlichkeit beschreibt, wie ihn die biblische Geschichte von Kain und Abel erzählt. In beiden Denktraditionen konnten wir diese Übereinstimmung auf die Gleichheit eines jeweils zugrunde liegenden Grundbegriffs zurückführen: *Hybris* im griechischen Mythos und *Sünde* in den biblischen Erzählungen. Beide Begriffe zielen auf eine dialektische Spannung ab, die als Grundkonflikt im Menschen besteht. Es ist die Spannung zwischen einerseits der grundsätzlichen Sehnsucht im Menschen, aus seiner ihn ängstigenden und bedrohlichen *Existenz* in seine Urbehausung, die *Insistenz*, zurückzukehren, und andererseits seinem emanzipatorischen Machtwillen, sich dieser seiner Existenzangst dergestalt zu erwehren, dass er sich von seiner Eingebundenheitssehnsucht löst und die zugleich mit seiner Freiheit erworbene Angst in Richtung der Beherrschung seiner Welt und der Vernichtung seiner Feinde überwindet. In Bezug auf diese Vorstellung besteht zwischen der hebräischen und griechischen mythologischen Denkweise kein wesentlicher Unterschied. Hier wie dort gibt es für den Menschen keine Chance, die Materie außerhalb des sie durchwirkenden Geistes und Wortes der Götter zu beherrschen oder sie gar im Streit gegen die Götter für sich zu aktivieren.

Die Verbannung oder Austreibung aus der Insistenz wird als Folge dessen gesehen, dass der Mensch vom Geist und Blut des Drachen beseelt ist und ihm seinen aufrührerischen Geist der Emanzipation verdankt. Dieser Geist trägt eben dieselbe dialektische Dynamik in sich.

Der Mensch, aus der Einsheit von Gott und Natur und seiner vorsprachlichen, unmittelbaren Beziehungswelt mit ihnen herausgetrieben, lebt in seiner nun nicht mehr unmittelbaren, sondern sprachlich vermittelten Kultur- und Zivilisationswelt eine zwiespältige Existenz: Einerseits sucht er den Verlust seiner Insistenz zu verkraften, indem er Orte der Beheimatung und der Gemeinschaft schafft - darin wird er also von seiner Sehnsucht nach der verlorenen Heimat angetrieben. Andererseits aber will er sich gerade von der Sehnsucht nach der verlorenen Heimat losreißen und sich selbst in Eigenständigkeit, außerhalb seiner verlorenen Einbindung in die Gotteswelt, eine von Gott und Natur unabhängige Welt erschaffen. In dieser wäre er sozusagen selbst sein Gott und würde sich mit der Materie auf den Zeugungsakt seiner eigenen Schöpfung einlassen.

Man kann in Freuds Sinne die Kultur- und Zivilisationsleistungen des Menschen als Sublimierung seiner Geborgenheitssehnsucht im libidinösen Sinne verstehen. Aber dann sollte man zugleich auch die Sublimierung der Angst vor dem Ausgestoßensein in gleicher Weise thematisieren, um dem gerecht zu werden, was wir in der Mythologie als die Zwiespältigkeit und Dialektik der Energie des Drachens beschrieben.

Das Sein und Wirken des Menschen in der Welt wird von Freud unter dem Aspekt der „Sublimierung“ als eine Art „Ersatzleistung“ konzipiert. Sie kann nie zu einer echten Befriedigung führen, weil der in ihr letztlich wirksame „Triebimpuls“ primär ein auf die verlorene Insistenz gerichteter „libidinöser“ ist. Ebenso müssen dann aber die Abwehrmaßnahmen und Schutzmechanismen der Angst, der andere „Teil“ unserer Kultur- und Zivilisationsleistungen, als letztlich nicht erfolgreich deklariert werden, weil die Grundangst des Menschen, die mit seinem Heraustreten aus der Insistenz in die Existenz entstanden ist, nicht durch noch so große und mächtige „Schutzleistungen“ im Kern der Sache beantwortet wird.

Des Menschen ontische Kraft zur Gestaltung dieser Welt kann aus der Sicht der Mythologie damit als eine Art notdürftige „Ersatzleistung“, eine quasi „neurotische Leistung“ interpretiert werden. In ihrem Kern stellt sie einen verzweifelten, heroischen Kampf mit dem Rücken zur Wand dar, *gegen* die Ausstoßung aus der Gemeinschaft von Gott und Materie und *für* die menschliche Ersatzgemeinschaften von Ehe, Familie, Gesellschaft und Staat. Der Mensch selbst trägt entsprechend der Mythologie also in sich nicht nur den Geist der Sehnsucht nach seiner ursprünglichen Heimat in Paradies, Mutterleib und insistenter Vorsprachlichkeit, sondern zugleich auch den Geist der Emanzipation und Empörung gegen seine Einbindung als pathischer Mensch in den Kosmos dieser Erde. Er will diese seine Angewiesenheit auf Materie und Gott, seine Abhängigkeit von Mutter und Vater zugunsten seiner endlichen, vollkommenen und geistigen Freiheit sprengen. So beschreibt die Mythologie die geistige Energie des Menschen.

Im Ödipusmythos wird erzählt, wie der Bruch mit den Göttern zugleich diese „Aussetzung" aus deren „wahrer Wirklichkeit" bewirkt, und wie der Mensch Ödipus trotz oder gerade wegen all seiner ehrlichen Bemühungen innerhalb seiner Scheinwirklichkeit nicht vermag, diesen Bruch rückgängig zu machen oder im echten Sinne zu heilen.

Im Paradiesmythos wird zusätzlich beschrieben, dass dieser Bruch mit Gott zugleich als eine Frucht zu verstehen ist, die nicht „vom Baum des Lebens", sondern vom „Baum der Erkenntnis" kommt, das heißt von der geistigen Wirklichkeit, die durch Sprache und Denken im Menschen entsteht. Ferner beschreibt der Paradiesmythos, dass der Mensch durch seine Erkenntnis fähig wird, ein „Verhältnis" zu sich selbst einzunehmen. Darin liegt das Entstehen und die eigentliche Funktion der von Freud konzipierten ICH-Instanz. Sie entsteht,

- indem der Mensch sich selbst von außen, durch die Augen der Sprache (und das ist zugleich durch die Augen der Anderen) wahrzunehmen lernt. Das wird in der Erzählung vom „Sündenfall" im Bild des Aufbrechens seiner Scham aufgezeigt;
- indem er eine Gewissensfunktion entwickelt. Das wird dem Menschen in der Sündenfallerzählung mit der Fähigkeit bescheinigt, dass er aufgrund seiner Erkenntnis nun auch Gutes und Böses zu unterscheiden weiß.

Die eigenständige Kraft im Menschen, die in ihrem Wesen auf eine bessere Weisheit als die der Götter beziehungsweise auf eine von Gottes Geist unabhängige Erkenntnis- und Entschei-

dungsfähigkeit ausgerichtet ist, bricht mit der Sprachfähigkeit, die den Menschen gegenüber aller anderen Kreatur auszeichnet, in jedem einzelnen Menschen neu in seine Insistenz ein und wirft ihn in seine Existenz heraus. Das bis dahin „undialektische“ und unmittelbare „natürliche“ Beziehungssystem wird durch die Sprache, die ihre Regeln und Normen aus dem Geist des Kultursystems erhält, zu einem dialektischen Beziehungssystem. Es ist insgesamt nun einerseits noch auf die natürlichen und impliziten, primären, wahrgenommenen und erlebten Bewegungsabläufe und deren Intentionen bezogen, andrerseits aber von normativen sprachlichen, geistigen und kulturellen Regeln und deren Intentionen überformt und geprägt.

Mit dem Symbol des Drachens oder der Schlange wird in dieser Situation die Dramatik aufgezeigt, in welche Lage hinein sich der Mensch als ein aus Materie und Gotteswort hervorgegangenes Wesen auf seinem emanzipatorischen Weg in die „Freiheit“ begibt.[16] Der Mensch will sich, um nicht abhängig zu sein, mit Hilfe seiner eigenen Erkenntnisfähigkeit sozusagen aus der Dienstbarkeit für die ihn umgebende Weltordnung herausschwingen. Das ist, kurz gebündelt, die Aussage. Der psychoanalytische Ansatz muss dieser Dialektik gerecht werden, indem er die psychisch wirksame Energie von Beginn an dialektisch, das heißt als zwei mit- und gegeneinander wirkende Energien konzipiert.

Sowohl im griechischen Mythos als auch in der biblischen Erzählung wird die Entstehung dieses Grundkonfliktes in die „Geschichte *vor* der Geschichte“ verlegt. Wir glauben, diese Tatsache so interpretieren zu dürfen, dass dieser Grundkonflikt nicht *individualgenetisch*, sondern *ontogenetisch* verstanden werden soll. Aber zugleich aktualisiert der Mensch individualgenetisch

[16] Nebenbei sei hier vermerkt, dass Karl Marx in seiner Gesellschaftstheorie einen sehr ähnlichen Weg verfolgt, indem er die Dynamik der Schlange in „die Gesellschaft“ verlegt, nämlich in die aufwachende Intentionalität des Kapitalismus. Auf diese Weise hat er die grundsätzliche Dialektik besser erfasst als sie in der Libidotheorie Freuds beschrieben wird. Aber ein grundsätzlicher Fehler ist ihm dabei dadurch unterlaufen, dass er sich sozusagen von der „Schuld der Schlange“ lossagen will, indem er sagt, dass nicht der Mensch, sondern „die Gesellschaft“ diesen emanzipatorischen Geist des Aufruhrs in sich trägt. Der Schlangengeist „Kapitalismus“ in der Gesellschaft sei es, der das Böse in die Welt bringt, und die von Natur aus guten Menschen böse macht. Dabei bleibt er die Antwort schuldig, wie denn „die Gesellschaft“ die Menschen zum Bösen - dem Kapitalismus - verführt. Ist sie ein Geist, eine Energie, eine Person? Ist sie nicht etwa eine Abstraktion, nämlich die Summe der Menschen, die sie repräsentiert?

diese Eigenschaften sowohl in der griechischen als auch hebräischen Mythologie jeweils neu dadurch, dass er (im Hebräischen) auf die falsche Stimme (der Schlange) hört, oder (im Griechischen) sich mit dem falschen Blut (des Drachens) vermählt. Insofern entscheidet sich jeder Mensch in seiner eigenen Geschichte wiederum neu. Er trifft in seiner eigenen Geschichte auf individualgenetisch und biographisch definierte Situationen, in denen er sich trotz seiner „geistigen Freiheit" neu zu dieser seiner „hybrischen" beziehungsweise „sündhaften" Existenz entscheidet. Er lässt sich sozusagen neu vom Drachen und der Schlange infizieren.

Die Unterscheidung von „bewusst" und „unbewusst" wird im Ödipusmythos prägnant dargestellt. Man kann im Sinne des Mythos die bewussten Aktivitäten des Ödipus in seiner Scheinwirklichkeit als ein großes, unbewusstes Projekt der Abwehr seiner wahren Herkunftswelt verstehen, obwohl er nichts sehnlicher sucht als diese.

Bei Kain wird die Unterscheidung zwischen „implizitem" und „explizitem" Bewusstsein bildlich durch den „sehenden" und den „sprechenden" Gott dargestellt. Kain ist in seiner Kränkung, Scham und Wut für den sprechenden Gott nicht erreichbar. Der als „Sündenfall" beschrieben Grundkonflikt kommt bei ihm unmittelbar zum Durchbruch, ohne von Kain selbst kognitiv verstanden zu werden. Auch bei ihm ist es so, dass er nichts sehnlicher wünscht, als wie Abel mit Gott eins zu sein. Aber zugleich vollzieht er selbst gewaltsam diese Trennung von Gott und von Abel.

Wir finden also bei Ödipus und Kain, dass ihre bewusste Existenz zugleich als ein großes Abwehrprojekt ihrer Sehnsucht nach Insistenz und ihrer Angst vor dem Untergang in der Existenz beschrieben wird. Diese Dialektik muss in der psychoanalytischen Metatheorie voll berücksichtigt werden.

Wenn der Mensch sich aus der Gemeinschaft von Menschen und Göttern ausgeschlossen erfährt oder wenn er sich vom Ausschluss aus dieser Gemeinschaft bedroht sieht, dann reagiert er wie Ödipus und Kain. Sein „normales" Aggressionsverhalten verwandelt sich in ein destruktives Verhalten bis hin zur Vernichtung all derer, die er in seiner Angst als Gegner und Feinde einstuft. Er hat sich der impliziten, „inneren" Kommunikation der Insistenz gegenüber verschlossen.

Wir erhalten ein klareres Bild von der Genese unserer Abwehrmechanismen, wenn wir die Ödipus- und Kainerzählung nacheinander lesen und sie im Sinne zweier Entwicklungsstufen in der Bildung der Psychodynamik verstehen. Dann müssen wir die Kainsgeschichte vor den Ödipusmythos stellen:

Kain reagiert noch unmittelbar aus der ihn überflutenden Angst heraus. Er ist für Argumente und Warnungen nicht erreichbar. Als ältester Sohn und deklarierter „Mann" Evas fühlt er sich unmittelbar durch Abel bedroht. Er hat eine assoziative Verknüpfung zwischen Abel und seinem eigenen Sturz aus der Insistenz hergestellt. Ein ansprechbares, erreichbares und prüfendes ICH ist bei Kain noch nicht vorhanden. Seine Todesangst setzt sich unmittelbar um in destruktive Energie.

Ödipus ist einen Schritt weiter. Er ist aus der unmittelbaren Wirksamkeit seiner Angst schon in seine bewusste Existenz herausgetreten und identifiziert sich mit ihr. Zwar wird auch er wie Kain psychodynamisch von dem Verlust der verlorenen Einheit mit seinen Eltern gesteuert. Aber von dem Verlust seiner Insistenz „weiß" er nichts (mehr). Er hat ihm bereits die dialektische Kraft seines existenten ICH gegenübergestellt. Dessen Ziel liegt darin, die eigenen Geschicke der eigenen Erkenntnis gemäß in die Hand zu nehmen und zu steuern.

Insgesamt wird ausgesagt, dass sich im Prozess der aufwachenden Erkenntnis des Kain und seiner erst werdenden ICH-Bildung das Drama der Angst abspielt, aus der Gemeinschaft der Lebenden in den Abgrund des Todes gestoßen zu werden, und dass der Mensch dieser Angst seine Erkenntnis entgegenstellt, aus der heraus er sie überwinden will.

Unbefriedigend an der Verarbeitung durch Freud ist, dass er den Schluss des Ödipusmythos schlicht übersehen oder verschwiegen hat. Dadurch werden für die Therapie wesentliche Hinweise nicht aufgegriffen. Beide mythologischen Erzählungen „sind sich einig" in folgenden für die Psychotherapie wesentlichen Dingen:

Ödipus und Kain müssen beide (so hart das klingt) zuerst in der bitteren Wahrheit ihrer angstgetriebenen Existenz ankommen, bevor sie von ihrem Überlebenskampf ablassen und dann erst wieder Gott hören können.

In beiden geht es um einen Gott, der nicht „straft" oder „verdammt“, sondern der auf der Basis dessen, was jetzt ist, eine „neue Weisung“ beziehungsweise ein die faktische Existenz schützendes Wort, ein Versprechen gibt, aufgrund dessen ein Weiterleben erst wieder möglich und sinnvoll wird.

Ferner müssen beide nicht nur erst in der Wahrheit *angekommen* sein und sich ihr „ergeben“, sondern sie müssen auch aus der Dynamik ihres Kampfes so *herausgegangen* sein, dass sie das Reden Gottes überhaupt wahrnehmen und hören können.

Daniel Friedrich Schleiermacher (1768-1834) spricht in seiner Theologie von der „schlechthinnigen Abhängigkeit“ des Menschen von Gott. So muss man wohl das formulieren, was die große Opposition des Menschen gegen Gott wachruft. „Abhängig“ will er nicht sein, und der emanzipatorische Drache in ihm schon garnicht. In seiner „Glaubenslehre“ erläutert Schleiermacher dann aber diese Begrifflichkeit und nennt sie eine „schlechthinnige Empfänglichkeit“.[17] Das ist es, was er eigentlich meint, und das ist es, was in der Bildwelt beider Mythen ausgesagt wird: Der um seine Freiheit, sein Heilsein und seine Anerkennung bangende aufrührerische, bedrohte, gegen seine Feinde kämpfende Mensch steht ja gerade gegen die „schlechthinnige Abhängigkeit“ auf, die er nur im autoritären und versklavenden Sinn verstehen kann. Er muss erst ganz von dieser „Schiene“ der aggressiven, defensiven und destruktiven Energie herunterkommen. Er muss in den Raum des „Pathischen“, wie Viktor von Weizsäcker das nennt, eintreten, den Raum der sich öffnenden Empfänglichkeit, damit er im tausendfachen Lärm seines Kampfes die Hinweise der Gottesworte und der Gotteszeichen hören, als lebendig erkennen und aufnehmen kann. Anders wird er die Quelle des Lebens für sich nicht finden. *Nur der in dieser Empfänglichkeit Angekommene wird die Gottesworte und -hinweise nicht als Befehle eines autoritären Demiurgen erwarten, sondern als Angebote neuen Lebens für seine verdurstete Seele, deren Glaube und Hoffnung erloschen sind.*

Dementsprechend wollen wir in der psychoanalytischen Therapie den vor sich selbst flüchtenden Menschen in die schwer aushaltbare Wahrheit seines Lebens begleiten. Häufig genug müssen wir ihn ermutigen, die Augen vor seinem Schicksal, wie er es erfahren hat, nicht zu verschließen, und müssen ihn hinwei-

[17] Daniel Friedrich Schleiermacher, *Der christliche Glaube: nach den Grundsätzen der evangelischen Kirche im Zusammenhange dargestellt,* 1. und 2. Bd., Hg. R. Schäfer, 2., aktual. Aufl. (De Gruyter: Berlin, New York, 2008 [1830/31]).

sen und anhalten, wenn er den Weg auf sie zu verlässt und sich in seinen Um- und Abwegen verirrt.

Aber wenn er den Glauben aufbringen kann, dass es einen Weg für ihn gibt, wird er (in unserer Begleitung) immer mehr in die Ruhe kommen, die nötig ist, um seiner Wahrheit gewahr zu werden: „Ja, so war es, und so ist es. Das ist die ungeschminkte Wahrheit meines Existierens". Dann sind wir häufig zugleich an dem Punkt der Krise, an dem alle Hoffnung und alles Kämpfen um Auswege am Ende erscheint, wo der Sinn des Kampfes und der bisher gelebten Existenz sich verflüchtigt hat, verlorengegangen ist. Wenn der Patient oder die Patientin darin nicht in Verzweiflung verharrt, was wieder eine Flucht wäre, sondern *zur Ruhe* kommt, dann entsteht mit dieser Ruhe zugleich die *Empfänglichkeit*, von der Schleiermacher spricht. Sie ist die notwendige Basis dafür, das „neue Wort aus des Gottes Mund" zu hören und seine Hinweise als Lebenszeichen und nicht mehr als Unterwerfungsbefehle zu erfahren.

Die Psychoanalyse, obwohl sie in einem „dialektischen Zeitalter" entwickelt wurde, hat zu wenig wahrgenommen, dass die mythischen Erzählungen über den Menschen durch und durch dialektisch aufgebaut sind. Sie hat im Gegensatz zu der „weiblichen" Form der Materie die „männliche" Form der Götter nicht ernst genommen, die den Menschen intentional auf ein Ziel hin bestimmt. Dadurch wurde des Menschen Abhängigkeit von der Natur und der in ihr wirkenden Geistigkeit einerseits und die Ernsthaftigkeit der Bedrohung des Menschen durch sein emanzipatorisches Aufbegehren gegen diese ihn umschließende Einheit von Natur und Gott andrerseits in seiner Brisanz nicht erfasst. Sowohl der Ödipusmythos als auch die Erzählung von Kain und Abel finden aber als ein Szenario gerade in der konflikthaften Zuspitzung dieser Dialektik statt. Und beide, Ödipus und Kain, finden aus ihr erst wieder heraus durch ein Wort und den Schutz der Götter, die ihnen eine neue Lebensperspektive geben.

Das Stillhalten im Abklingen der destruktiven Dynamik ermöglicht Ödipus das Umschwenken aus dem blinden Überlebenskampf in eine neue Phase seines Lebens. Und auch bei Kain ist es so: Das Zeichen Gottes an ihm als sinnliches Merkmal und das Reden Gottes mit ihm retten ihn aus seiner überflutenden Angst und ermöglichen ihm, sich in seiner Welt rastloser Ruhelosigkeit eigenständig zu behausen und sich seiner Angst zu erwehren.

Aus dieser dialektischen Dynamik bilden sich die Grundelemente der anthropologischen Grammatik:[18]

	Thema	Beide, Ödipus und Kain...
Subjektivum	Der Abgrund der Angst im Menschen, der sich den Göttern gegenüber als Einzelner, Freier erkennt.	...erfahren sich in ihrer Krise als ein auf sich selbst gestelltes *Subjekt*: Kain mehr passiv im Schock seiner Angst, verworfen zu sein, Ödipus mehr aktiv in der Macht seines heroischen Handelns und in der Fiktion, dem Fluch der Götter zu entkommen.
Trajektivum	Die Sehnsucht nach der verlorenen Einbindung in die Einheit der Gemeinschaft der Menschen.	...treibt die Sehnsucht voran, die durch den Verlust der Insistenz bis zu deren Triangulierung entstanden ist.
Objektivum	Die Abwehr drohender Gefahren aus einer für den Menschen undurchsichtig, bedrohlich und fremd gewordenen Welt.	...kämpfen gegen ihre verkannten und für lebensbedrohlich gehaltenen Feinde: Ödipus gegen seine Eltern, die ihm fremd sind, Kain gegen seinen Bruder, den er für seinen Rivalen hält.
Präjektivum	Das Wort des Gottes und dessen Erhörung als Quelle neuen Lebens.	...finden schließlich eine neue Lebenschance in den Lebensworten der Götter für sie.

Letztlich wird ausgesagt: ein neues *Trajektivum* kann es für beide nur geben als Frucht des *Präjektivums*, das aus dem Mund der Götter hervorgeht.

[18] Die Begriffe „Subjektivum“, „Trajektivum“, „Objektivum“ und „Präjektivum“ entstammen der Soziologie und Sprachforschung Eugen Rostenstock-Hueseys.

Entwicklungspsychologische Grammatik

In der vergleichenden Untersuchung über das Menschenbild in Psychoanalyse und Bibel habe ich aufgezeigt, dass der eigentlich anzusetzende Grundkonflikt des Menschen in seiner doppelten Bestimmtheit zu sehen ist, die sich einerseits aus seiner Naturzugehörigkeit und andrerseits seiner Geistesverfassung als sprechendes, denkendes und zu sich selbst ins Verhältnis tretendes Wesen ergibt. Von diesem Grundansatz her muss auch die Lehre Freuds vom Ödipuskomplex neu zentriert werden, obwohl darin die wesentlichen Elemente der tiefenpsychologischen Grundverfassung des Menschen schon enthalten sind. Dadurch, dass wir im Ödipuskomplex aber dessen „depressiv-regressiver“ Auslegung durch Freud seine „manisch-progressive“ Seite dialektisch gegenüberstellten, veränderte sich die Dynamik und zeigte sich in ihrer Dialektik und Zwiespältigkeit. Damit eröffnete sie uns einen Aspekt, dem Freud ständig nachspürte, den er aber letztlich auch mit seiner dazu entworfenen Theorie vom „Todestrieb“ nicht klar zu fassen bekam.

Ich denke, dass der Grundkonflikt des Menschen nicht nur anthropologisch, sondern auch entwicklungsgenetisch dort angesetzt werden muss, wo das Sprachsystem für den Säugling zum ersten Mal nicht mehr nur passiv hörend als Teil seiner Insistenz, sondern aktiv sprechend als Benennungs- und Ordnungsinstrument seiner Existenz erfahren wird und dem Säugling, der jetzt zum Kleinkind geworden ist, ermöglicht, ein reflexives Verhältnis der Welt und sich selbst gegenüber einzunehmen.

Mit der „Macht der Sprache“ wird die Erkennungs- und Ordnungspotenz als eigentliche Energie seiner eigenen Selbst- und Weltbewältigung erfahren und angeeignet. Von ihr her erschließt sich ihm die Welt. Und nicht nur das, von ihr her gewinnt er auch Macht über sie. Unser ganzes Kultursystem erschließt sich dem Menschen auf dem Wege der Sprache. Es ist, als ob der Säugling im Schritt zum sprechenden Kleinkind zugleich das Geheimnis seiner vorher nur implizit und insistent erfahrenen Welt zu schauen beginnt, jetzt nämlich, wo er in die geistige Welt eintritt, von der aus alles, was er vorher erlebte, benennbar, erkennbar, veränderbar und steuerbar wird. Der Mensch, vorher nur pathisch-empfangend und mitschwingend, wird zum ontisch wirksamen, ordnenden, eingreifenden „Gott“. Er erfährt sich als Erkennender seiner eigenen Insistenz, sieht sie „von außen“, als ob er sein früheres Firmament durchgebrochen habe, und erfährt, wo und wie die Fäden für die Ordnung dieser seiner Welt gezogen werden: eine faszinierende und überwältigende Erfahrung.

Mein hauptsächliches Anliegen in dieser phänomenologischen Untersuchung liegt nun darin aufzuzeigen, wie man sich den „Einzug des Geistes" als Sprache vorstellen kann. Des Weiteren geht es um die Frage, wie der Aufbau des menschlichen Selbstempfindens in Kategorien geschieht, die wir nachträglich als Kategorien seiner und unserer Sprache wiedererkennen. Außerdem möchte ich aufzeigen, wie es in der Entwicklungsgenese des Säuglings zu dem wesentlichen Grundkonflikt kommt, den wir in unserer anthropologischen Untersuchung als den „eigentlichen" und für die psychoanalytische Therapie wesentlichen Grundkonflikt aufgewiesen haben. Wie wir dort ausführten, hat Freud diesen Grundkonflikt unter dem Begriff des *Ödipuskomplexes* in genialer Weise erfasst. Zugleich aber hat er dessen Zweiseitigkeit beziehungsweise Dialektik nicht in seine naturwissenschaftlich geprägte Begrifflichkeit einfangen können und er hat daran zeitlebens gerätselt. Ihm ging es dabei um das Phänomen menschlicher Aggressivität unter dem angedachten Konstrukt „Todestrieb", in welchem sich des Menschen Aggression von der „einfachen", tierlichen Aggression unterscheidet. Auch manche seiner Nachfolger wie etwa *Fritz* und *Laura Perls*, *Wilhelm Reich*, *Alfred Adler* und ausdrücklich *Erich Fromm*[19] befassten sich immer wieder mit diesem Phänomen, ohne es befriedigend in einer entsprechenden Metatheorie verankern zu können.

Wir kamen in unserer anthropologischen Untersuchung zu dem Ergebnis, dass sowohl die libidinöse Sehnsucht nach Einbindung und Geborgenheit als auch der zuweilen bis ins Unendliche reichende Macht- und Sicherheitsanspruch des Menschen aus ein und demselben existentialen Grundkonflikt herrühren, nämlich aus des Menschen Übertritt aus seiner Insistenz in seine Existenz. Dieser Übertritt wird strukturell durch den Einzug der Sprache in seinen Wahrnehmungs- und Erlebnisraum vorbereitet und er wird dann als entscheidender Schritt vollzogen, wenn sich der Säugling nunmehr als „Kleinkind" auf die Seite der Sprache, der Erkenntnis, der Selbstdefinition begibt, damit ein Verhältnis zu sich selbst gewinnt und auf diese Weise ein „ICH" wird. *Das ICH ist somit das Ergebnis der durch die Sprache gewonnenen Reflexivität.*

---

[19] Erich Fromm, *Anatomie der menschlichen Destruktivität* (Deutsche Verlags-Anstalt: Stuttgart, 1974).

Die Menschenversuche *Friedrich II.* und, vor rund 2.500 Jahren, des ägyptischen Königs *Psammetich I.*, hatten zum Ergebnis, dass ein Säugling stirbt, wenn er nicht in einen Erlebniskosmos von Beziehung hinein aufgenommen wird, und dass seine Sprache nicht, auch nicht teilweise, als eine autonome Veranlagung seines Gehirns verstanden werden kann, die lediglich eine bestimmte Zeit zu ihrer Ausreifung benötigt. Sprache ist nicht einfach „da“, sondern sie lebt und wirkt als gesprochenes und gehörtes, gedachtes und verworfenes, geschriebenes und gelesenes Wort, und als solches hat sie Macht, über Sinn und Unsinn, Leben und Tod zu entscheiden.

Jean Piaget (1896-1980) und andere haben in ihren Forschungen deutlich gemacht, dass die geistige Entwicklung des Kindes als das Ergebnis einer komplizierten Interaktion mit seinen umweltlichen Gegebenheiten und Strukturen angesehen werden muss, und zwar in aufeinanderfolgenden Phasen, die jede die vorausgehende zu ihrer eigenen Weiterentwicklung benötigt. Von seiner Geburt an befindet sich der Säugling mit seinen Beziehungspersonen in einem kulturell geprägten Kosmos, innerhalb dessen sich ein differenziertes Zusammenspiel von intentionalen Handlungen und emotionalen Erfahrungen einerseits und zeichenhaften, symbolischen und sprachlichen Mitteilungen andrerseits aufbaut. Dieses System ist aber nicht „abstrakt“, sondern es besteht in gesprochenen und gehörten Worten und Sätzen.

Obwohl die moderne Säuglingsforschung und die Bindungsforschung hinreichend geklärt haben, dass der Säugling lebensnotwenig in Beziehung hinein „auftaucht“ und seine entscheidende Prägung und anfängliche Programmierung als frühkindliches „Beziehungswissen“ erhält, wurde zugleich aber der Prozess der „Installation von Sprache“, also die durch Sprache erfolgende Prägung der Wahrnehmung und des Erlebens, eher vernachlässigt, ungeachtet dessen, dass ja die Beziehung zwischen Mutter und Säugling von Beginn an eine sprachlich strukturierte Beziehung ist.

Die Mutter spricht in ihren Interaktionen mit dem Säugling ihre „Mutter-Sprache“ regel-recht (oder auch nach falschen Regeln) „in das Kind hinein“ und verbindet sämtliche Situationen, die der Säugling durch sie und mit ihr zusammen wahrnimmt, mit dieser ihrer Sprache. So wird der Säugling auch schon in der Zeit, in der er noch nichts „versteht“, in seinem Beziehungserleben immer schon von „Sprache“ begleitet.

Dabei ist seine Wahrnehmung nicht von vornherein als kognitive oder intellektuelle Leistung charakterisiert, sondern alle Berührungsreize, alles Aufgenommen-, Berührt-, Bewegt-, Gesehen-, Gestillt-, Gewickeltwerden, also alles, was ihn seiner körperlichen Einheit und Integrität implizit und später auch explizit bewusst werden lässt, erfährt er in Verbindung mit der gesprochenen Sprache seiner Mutter. *Zentral steht in diesem Prozess sein Name für seine Person. Dieser Name ist nicht nur eine abstrakte Bezeichnung, sondern er wirkt als eine identitätsbildende, ja identitätsstiftende Kraft, die alles das in sich begreift und umfängt, was er später als sein „Ich-Selbst" erfahren und benennen wird.*

Der Name wird ihm *zuerkannt* und ihm dann in jedweder Beziehungssituation *zugesprochen*. Allein schon dessen Aussprache in Klang, Betonung und Variation durch die Mutter schafft eine differenzierte Spiegelung ihres derzeitigen beiderseitigen Beziehungsverhältnisses, abgesehen davon, dass der Name selbst schon eine sichere, sich immer wiederholende Markierung seiner eigenen Identität bedeutet.

Weitgehend jede Interaktion zwischen Säugling und Mutter (Mutter ist hier verstanden als „Der das Selbst regulierende Andere") wird sprachlich konnotiert. Diese Konnotationen differenzieren sich mit fortschreitendem Alter entsprechend den Regeln der sprachlichen Grammatik immer weiter in sein Wahrnehmen und Erleben hinein und beginnen damit auch, diese seine wahrgenommene Welt zu strukturieren.

Der Prozess der Programmierung der *linken Gehirnhälfte* (des Sprachhirns) des Säuglings beginnt passiv schon längst bevor er auch mit dem Beginn des Sprechens durch das Kleinkind selbst aktiviert werden kann. Vielleicht ist es nicht übertrieben zu sagen, dass der implizit erlebende Säugling zusammen mit der explizit wahrnehmenden und sprechenden Mutter eine gemeinsame duale Erlebniseinheit bildet.[20] Diese differenzierte duale Einheit ist es, die in der frühen Psychoanalyse und fälschlicherweise oft auch noch heute auf psychodynamischer Ebene als „frühkindliche Symbiose" verstanden wird.

In dieser Untersuchung will ich aufzeigen, wie sich das Zusammenspiel von Sprache mit ihrer inneren Struktur und der biopsychischen Ontogenese und Organisation des Säuglings abspie-

[20] Wir kommen in der Folge noch darauf zu sprechen, dass dies nicht zugleich als Symbiose zwischen Säugling und Mutter zu verstehen ist.

len könnte. Dazu bediene ich mich der umfänglichen Forschungsarbeiten des Schweizer Psychoanlytikers und Säuglinsforschers *Daniel Stern* (1934-2012). Hauptsächlich werde ich mich auf sein Buch *Die Lebenserfahrung des Säuglings*[21] beziehen.

Stern beschreibt die Phasen der Säuglingsentwicklung als eine mehrdimensionale Entwicklung des Selbstempfindens und kategorisiert diese Phasen so, als hätte ihm eine mehrdimensionale Struktur der Grammatik der Sprache vorgelegen. Diese Erkenntnis veranlasste mich, dieser vielleicht von Stern selbst gar nicht beabsichtigten Koinzidenz nachzugehen und zu schauen, ob oder wie weit dieser Eindruck einer Nachprüfung stand hält. Zur Debatte steht so, wie man sich den Einzug der Sprache in die menschliche Entwicklung und deren Zusammenschmelzen mit der Selbst- und Welterfahrung des Säuglings und Kleinkindes vorstellen kann. Die Faszination dieses Zusammenspiels liegt hauptsächlich darin, dass zwei völlig unterschiedliche Systeme ineinander greifen: *Ein biopsychisches System verknüpft sich mit einem geistig-sprachlichen über eine Zeitstruktur hin dergestalt, dass ein sprechender, erkennender und abstraktionsfähiger Mensch entsteht, der nicht nur zu seiner Welt, sondern auch zu sich selbst in ein erkennendes, ordnendes und wertendes Verhältnis treten kann.*

Eigentlich muss aus heutiger Sicht erstaunen, wie lange die Psychologie und Psychotherapie den Menschen lediglich als ein biopsychisches „Naturwesen" auffasste und die psychische Entwicklung allein daraus zu erklären suchte, obwohl der Forscher selbst zum Verständnis der Entwicklung des Kindes der Sprache und seiner wiederum in ihr gründenden Reflexion bedarf, wie er auch ein Kind, das nie zum Sprechen kommt, in seiner Entwicklung als schwer gestört ansehen würde. Trotzdem wurde der Prozess der Sprachwerdung und der durch sie in die Entwicklung des Säuglings einziehenden Strukturierungsprozesse seiner Wahrnehmung, seines Erlebens und seiner Selbstreflexionsfähigkeit fast wie ein philosophisches Luxusthema neben der eigentlichen Psychologie und Psychotherapie behandelt oder fälschlicherweise auch so, als ob die Sprache aus der Biologie von selbst herauswachse. *Gefordert ist ein von vornherein dialektischer Wissenschaftsbegriff, der in der Lage ist, gerade*

---

[21] Daniel Stern, *Die Lebenserfahrung des Säuglings,* mit einer neuen Einleitung des Autors, übers. aus dem Amerik. v. W. Krege, bearb. v. E. Vorspohl, 10. Aufl. (Klett-Cotta: Stuttgart, 2010).

dieses für die Spezies Mensch einzigartige Phänomen der in ihm prozesshaft stattfindenden gegenseitigen Durchdringung von Natur und Sprache abzubilden.

Daniel Sterns Entwicklungsmodell

Stern beschreibt seine empirischen Untersuchungen an Säuglingen und Kleinkindern unter dem zentralen Begriff *Selbstempfindung*. Er glaubt, hinreichend belegen zu können, dass der Säugling von Beginn an eine Subjektivität besitzt, die darin besteht, dass er sich selbst *empfindet*, und dass dieses Selbstempfinden sich hauptsächlich *in vier Phasen* oder Stadien in zeitlicher Reihenfolge *zu einem vierdimensionalen Selbstempfinden* entwickelt. Jede Dimension wird in ihrer spezifischen Beginnphase entfaltet und dann ein Leben lang weiter entwickelt. Auch die Selbsterfahrungen und Bewegungsmuster, die in jeweils einer Phase gemacht werden und als Antwort auf bestimmte Situationen entstehen, werden nicht als starre und unveränderbare Erlebniseinheiten oder Verhaltensprogramme abgelegt, sondern sie werden als nichtsprachliche Erlebnis- und Verhaltenssequenzen miteinander verknüpft und in eine abstrakte Hierarchie gebracht, die sich in ständigem Fluss und ständiger Weiterentwicklung durch das Hinzukommen neuer Einheiten und die Veränderung, Differenzierung und Korrektur älterer Einheiten ergibt.

Die ursprüngliche Einheit solcher Verhaltens- und Erlebniseinheiten besteht in einzelnen Erlebnisepisoden, die als Engramme eingespeichert werden. Die einzelnen Engramme wiederum werden hauptsächlich in Bezug auf die in ihnen festgehaltene Intentionalität eines punktuellen Erlebens, eines Affekts oder einer Handlung abstrahiert und in einem assoziativen und sich immer mehr hierarchisierenden Erfahrungsnetz gespeichert, nicht sprachlich, sondern handlungs- oder impulsorientiert.

Stern nennt diese schon aus mehreren Episoden abstrahierten Einheiten *RIGs* (*R*epresentations of *I*nteractions that have been *G*eneralized) und stellt sich vor, dass diese die Grundeinheit des organisierten Erfahrungsgedächtnisses der Säuglinge bilden und dass in ihnen als Ganzem der Erfahrungsschatz eines Säuglings, Kleinkindes wie auch letztlich des Erwachsenen repräsentiert ist. Drei wichtige Kriterien sind für diesen Erfahrungsschatz und seine Einheiten kennzeichnend:

- Sie werden nicht als starre und unveränderliche Einheiten abgelegt, sondern befinden sich in lebenslanger Ergänzung, Korrektur und Neuorganisation.
- Sie sind nicht bewusst, da sie vorsprachlich und also unreflektiert gebildet werden; insofern sind sie auch nicht „verdrängt“ im Sinne des psychoanalytischen „dynamischen Unbewussten“.
- Sie bilden als unbewusste und ursprüngliche Affekte und Bewegungsimpulse den *veränderbaren* Kern des vierdimensionalen Selbsterlebens jedes Menschen.

Stern nennt dieses organisierte, unbewusste, nicht verdrängte Erfahrungswissen das implizite Beziehungswissen. Implizit ist es, weil es sich nur indirekt als Intention einer Bewegung oder eines Impulses oder Affektes zeigt; „Beziehungswissen“ ist es, weil er der Ansicht ist, dass der Säugling von Geburt an sein Erfahrungswissen aus der Bezogenheit und in Bezogenheit sammelt, dass sein Erfahrungswissen insgesamt also prinzipiell ein als Bewegungsimpuls gefühltes und zugleich auf ein Beziehungsgegenüber ausgerichtetes Erleben ist.

In der Folge dieses Ansatzes kommt es zu einer wesentlichen Korrektur und Erweiterung des psychoanalytischen Denkens:

- Das sogenannte „Unbewusste“ wird deutlicher differenziert in das ältere konstitutionell unbewusste *implizite Erfahrungswissen* einerseits und das jüngere *psychodynamisch Unbewusste*, das auf Verdrängungsprozesse zurückgeht.
- Die als *frühkindliches Beziehungswissen* erlernten Reaktionen und Handlungssequenzen werden nicht mehr nur als wesentlich unveränderbare Prägungen angesehen, die im Erwachsenenalter bestenfalls einer Bewusstwerdung und rationalen Steuerung zugänglich sind, sondern sie werden im Hier und Jetzt, was Stern *die lokale Ebene* nennt, als intentionale Verhaltenssequenzen sichtbar. Diese können prinzipiell als solche wahrgenommen, mit dem zugehörigen Erleben verbunden und durch angemessene Handlungsengramme ergänzt oder korrigiert werden.

In der psychoanalytischen Therapie wird dadurch in Bezug auf die Beziehung zwischen Therapeut und Patient die „echte“ *Beziehungsqualität* von der Qualität der *Übertragungsbeziehung* deutlicher unterscheidbar.

Daraus folgt: Wenn die psychoanalytische und psychodynamische Psychotherapie sich die Erkenntnis einer *trajektiven Bezie-*

hungsqualität als eigentlich notwendiges Medium einer therapeutischen Beziehung zu eigen macht, lässt sich die sogenannte „Übertragungsbeziehung“ deutlicher von solch einer ICH-DU-Beziehung trajektiver Art trennen und jede kann auf ihre spezifische Weise bearbeitet werden.

Dier Begriff „trajektive Beziehungsqualität“ stammt aus der grammatischen Psychologie. Er meint eine *dativische* Beziehung im Gegensatz zu einer *akkusativischen*, nämlich eine begegnende und sich abstimmende Beziehung, an der beide Teilhaber in gleicher Weise beteiligt sind. Die *objektive Beziehung* hingegen meint eine Beziehung vom Subjekt zum Objekt, in welcher das Subjekt den aktiven und reflexiven und das Objekt den passiven Pol als *Gegenstand* des Subjekts einnimmt.

> *Während sich in der akkusativischen „Objektbeziehung“ grammatisch und psychisch ein Subjekt und ein Objekt gegenüber stehen, befinden sich in der dativischen, trajektiven Beziehung grammatisch und psychisch zwei Subjekte, eigentlich zwei „Trajekte“, in einer gemeinsamen Interaktion, an der beide in Abstimmung miteinander beteiligt sind.*

Wir werden aus der Unterscheidung dieser zwei grundsätzlich zu differenzierenden Beziehungsformen Aufklärung über das gewinnen, was die Psychoanalyse pauschal eine „Objektbeziehung“ nennt, was falsch ist, weil es sich in Wahrheit zu einem großen Teil um keine *objektive*, sondern eine *trajektive* (beidseitige) Beziehung handelt, die in einem gegebenen WIR-Verhältnis besteht und darum von anderer Art ist als die durch das psychoanalytische Setting begünstigte *objektive* Beziehung. Diese Objektbeziehung wird ohne innere Beziehungsgemeinsamkeit zwischen der Person des Psychoanalytikers als Subjekt und seinem Analysanden als Objekt aufrechterhalten. Sie bringt das zustande, was wir dann in der Psychoanalyse „Projektions-“, „Übertragungs-“ und „Konstruktionsprozesse“ nennen. Beide Beziehungsformen, die trajektive und die objektive, werden bislang besonders in der klassischen Psychoanalyse und zu deren Nachteil begrifflich nicht trennscharf genug unterschieden, woraus sich weitere Unklarheiten für die Theorie und Praxis ergeben.

Stern hat sein Entwicklungsmodell folgendermaßen dargestellt:[22]

Beginn (Monate)	Entstehungsphase der Empfindung	Bereich der Bezogenheit	
0	des auftauchenden Selbst	der auftauchenden Bezogenheit	präjektiv
2-3	des Kernselbst	der Kernbezogenheit	subjektiv
7-9	des subjektiven Selbst	der intersubjektiven Bezogenheit	trajektiv
15	des verbalen Selbst	der verbalen Bezogenheit	objektiv

Das im jeweils vorausgehenden Stadium angelegte Selbstempfinden wird durch alle vier Phasen weiterentwickelt, indem es um jeweils eine Dimension erweitert wird. Besonderer Beachtung wert ist hierbei der entwicklungsgenetische Ort, an welchem der zentrale, von den Mythen beschriebene und meist tragisch beklagte spezifische Konflikt des Menschen zwischen seiner biologischen Natur und seiner Sozietät entsteht. Das ist der Konflikt, den man seit Freud unter dem Begriff *Ödipuskomplex* abhandelt, wogegen nichts einzuwenden ist, solange man sich darüber im Klaren ist, dass hier zwar eine wichtige *Metapher* gebraucht wird, die in einem wissenschaftlichen Zusammenhang auf Dauer aber theoretischer und empirischer Aufklärung bedarf, wenn wir von unserer psychoanalytischen Arbeit zu Recht als „wissenschaftlichem" Handeln sprechen wollen. Die psychoanalytische Theorie befindet sich in diesem ihrem Kernstück noch in einem symbolischen, um nicht zu sagen „mythischen" Stadium.

Wir sagten, Stern gehe von der Hypothese aus, dass der Säugling sich selbst empfindend erlebt. Er versucht, diese Annahme aus einer Menge experimentell provozierter Antworten von Säuglingen herauszuarbeiten. Er klärt nicht, wann dieses Selbstempfinden beginnt: im Mutterleib, mit oder nach der Geburt, stattdessen beschreibt er die Voraussetzungen, Kontinuitäten und Veränderungen dieses postulierten Selbstempfindens innerhalb der frühkindlichen Entwicklung.

---

[22] Tabelle nach ebd., 56. Die rechte Spalte stammt von mir.

Das Selbstempfinden ist Stern zufolge zunächt ein nicht-selbstreflexives, aber dennoch empfundenes Gewahrsein seiner selbst. Das empfundene Selbst ist als invariantes Gewahrseinsmuster eine Organisationsform der Empfindungen, auf die wir uns später als unser reflexives Selbst beziehen. Nach Stern gründet dieses Selbst in der *Sozialität* und diese versteht er wiederum als *Interpersonalität.*

Das Selbstempfinden entwickelt sich in Schüben, Sprüngen oder Phasen. In jeder Phase gewinnt es eine neue Dimension dazu und wird unter einer je neuen Erlebnisperspektive anders zentriert und geordnet. Dabei ändert sich aber nicht nur die Erlebnisorganisation des Säuglings selbst, sondern mit ihr zugleich deren Deutung durch seine Eltern. Erlebnisorganisation und Deutung fördern sich wechselseitig mit dem Ergebnis, dass das Kind jeweils „eine neue Empfindung davon zu haben scheint, wer es selbst und wer sein Gegenüber ist und welche Interaktionen nun stattfinden können".[23] *Systemisch gesehen treibt die Dialektik von präverbalem Selbstempfinden auf der einen und verstehend wahrnehmendem Deuten auf der anderen Seite den Prozess der Selbstdifferenzierung und Selbststrukturierung voran.* Schon in den frühen Phasen schließt sich also das Selbstempfinden des Säuglings mit dem deutenden Verhalten des ICH der Mutter zu einem gemeinsamem Verstehen zusammen, in welchem die Mutter zum „ÜBER-ICH" des Kindes und dieses zum DU der Mutter wird, bis der Säugling sich selbst als ein ICH gegenüber der Mutter erkennt, nämlich dann, wenn er ihr zu antworten beginnt. Von Beginn an befindet sich somit das Selbstempfinden des Säuglings schon immer in einem Regelkreis mit dem Wahrgenommen- und Gedeutetwerden durch die Mutter. Aus beidem zusammen, Empfinden und Deuten, Erleben und Verstehen, gestaltet sich dieser entwicklungspsychologische Prozess, der vom Säugling zum Kleinkind und weiter zum Jugendlichen und Erwachsenen führt. Dieses aber nicht im Sinn einer Symbiose, aus deren „gemeinsamer Suppe" das Kind sich schließlich herausdifferenziert, sondern als Prozess einer dialektisch-dialogischen Beziehung zweier einzelner Wesen, der sich in wechselseitigem Erkennen und Verstehen vollzieht.

Die Struktur, die in diesem Vorgang über die Mutter Eingang in das Wahrnehmen und Erleben das Säuglings findet, ist die Grammatik der Sprache, nicht aber dergestalt, dass im Säugling

[23] Ebd., 23.

genetisch eine Grammatik angelegt wäre, sondern dergestalt, dass die Mutter stellvertretend als die das Selbst des Säuglings regulierende Andere mit dem Säugling spricht und mit ihm auf diese Weise alles, was sie gemeinsam benennen, erfahren und abstimmen, in die wahrnehmungsstrukturierende Form ihrer Sprache bringt. Die Struktur dieser Sprache aber ist die Grammatik der Sprache.

Säugling und Mutter bilden ein implizit und explizit kommunizierendes Gesamtsystem, welches sich in stetiger Abstimmung beider Untersysteme aufeinander differenziert und entwickelt. Stern bezieht dabei zwar die Sprache ein, aber er führt nicht aus, dass mit ihrem „Eingreifen“ in das System zugleich der wesentliche Konflikt, sozusagen der *Grundkonflikt* des gesamten psychischen Systems eingeleitet wird. Das ist von meinen anthropologischen Überlegungen her zu ergänzen. Es entsteht nicht nur ein gemeinsames implizites Abstimmungssystem des Säuglings mit der Mutter und anderen Personen, sondern ein Abstimmungssystem, welches einerseits zwar als nichtsprachliches Beziehungswissen vom Säugling empfunden wird, welches zugleich aber vonseiten der Mutter von Anfang an die Wahrnehmungen differenziert und strukturiert, weil ihre Sprache sich in formulierenden, gesprochenen und gehörten wahrnehmungsdifferenzierenden Regeln vollzieht.[24]

Das Beziehungssystem entsteht also sozusagen zweimal, einmal implizit und einmal explizit, einmal als empfunden und abgestimmt und einmal als gesprochen, gehört und verstanden. Die beiden Dimensionen oder Ebenen dieses Sprachprozesses sind die des „impliziten Gewahrseins“ auf der einen Seite und die des „expliziten Bewusstseins“ auf der anderen. Auf diese Weise wird die sich zwischen Mutter und Säugling aufbauende psychobiologische Erlebniswelt zugleich von der geistigen Erkenntnisstruktur der Sprache durchwirkt und so zusammengefügt, dass schon im Stadium impliziten Erlebens eine geistige, grammatisch strukturierte Sinnenwelt entsteht, welche die miteinander Erlebenden und Sprechenden verbindet und sie beide intentio-

[24] Insofern dürfte auch leicht zu verstehen sein, wie wichtig schon jetzt ein empfindungsnahes, sensibles und differenziertes Sprechen mit dem Kind ist, weil es dieselbe Sprache ist, über welche die Einheit seiner „vorbewussten“ Empfindungswelt mit seiner späteren bewussten Welt hergestellt wird. Der Säugling wächst schon in eine vorgängig sprachlich strukturierte Empfindungswelt hinein, die ihm später in gleichen Systemstrukturen durch die Grammatik seiner gesprochenen „Muttersprache“ neu und aktiv zugänglich werden wird.

nal[25] auf einen ihnen beiden vorgegebenen sprachlichen Kosmos bezieht.

Die fünf Entwicklungsphasen

Die Entwicklung des Säuglings wird bei Daniel Stern in fünf aufeinander folgenden Phasen beschrieben:

- Das auftauchende Selbst (1.-2. Monat)
- Das Kernselbst (2.-6. Monat)
- Das subjektive Selbst (6.-18. Monat)
- Das verbale Selbst (18.-30. Monat)
- Das narrative Selbst (ab 30. Monat)

In dieser Reihenfolge will ich nun auf die einzelnen Phasen eingehen.

Das auftauchende Selbst (1.-2. Monat)

Von Geburt an bestehen beim Säugling Fähigkeiten, die ihm ermöglichen, seine Umwelt passiv und aktiv wahrzunehmen.

> "Die Fähigkeiten, die es dem Säugling ermöglichen, seine vielfältigen sozialen Erfahrungen miteinander zu verbinden, sind zu einem großen Teil konstitutionell - und das heißt genetisch - determiniert. Entweder sind sie von Anfang an vorhanden, oder sie entfalten sich unter der Voraussetzung, dass das Zentralnervensystem ebenso wie die Umwelt intakt ist, nach einem angeborenen Zeitplan. Für die nahe Zukunft könnte sich die Untersuchung der individuellen Unterschiede dieser Fähigkeiten im Hinblick auf psychopathologische Entwicklungen sehr kleiner Kinder als das fruchtbarste klinische Forschungsfeld erweisen."

Dabei wird die Wahrnehmung des Säuglings durch mindestens sieben voneinander unterscheidbare Dimensionen qualifiziert:

---

[25] Ich würde an dieser Stelle lieber das Wort „teleologisch" verwenden, weil es dem Gemeinten besser entspricht. Aber leider ist dieser Begriff schon in der Bindungstheoriein einer dem Wortsinn völlig widersprechenden Weise als Terminus eingeführt worden und sorgt dadurch bereits für genügend Verwirrung.

1. Die Wahrnehmung von Realität

Von seiner physischen Geburt an verfügt der Säugling über Fähigkeiten, die ihm ermöglichen, seine Umwelt passiv und aktiv wahrzunehmen. Im Gegensatz zum Theoriensystem der Psychoanalyse wird nach Stern Realität nicht aus Gründen der Abwehr verzerrt oder durch eine so genannte „Reizschranke" von ihm ferngehalten, sondern der Säugling bildet im Gegenteil die wahrgenommene Realität seiner Umwelt unverfälscht ab. Er befindet sich in einem Zustand *„wacher Inaktivität"*, deren Ausdruck als Reizschranke verkannt wurde, in Wirklichkeit aber eher mit der hochsensiblen Phase der Programmierung eines Computers verglichen werden muss. Weil er fortwährend zwischen schon bekannten und noch nicht bekannten Wahrnehmungen differenziert, nennt Stern den Säugling einen „Realitätsprüfer".

2. Amodale Wahrnehmung

Der Säugling ist in der Lage, wahrgenommene Vorgänge zwischen unterschiedlichen Sinnesmodalitäten zu übertragen. Er hat von den wahrgenommenen Dingen ein nicht an die spezifische Sinnesenergie gebundenes „amodales", das heißt von ihr abstrahierendes, sozusagen holistisches Wahrnehmungserleben. Wenn der Säugling zum Beispiel einen Gegenstand ertastet oder in den Mund nimmt, ohne ihn gesehen zu haben, so weiß er trotzdem zugleich, wie er aussehen müsste. Er erkennt ihn wieder, wenn er ihn sieht, ohne ihn wieder getastet oder geschmeckt zu haben.

3. Wahrnehmungsgebundenes Affekterleben

Wahrgenommene Gestalten lösen im Säugling ein ihnen entsprechendes, von kategorialen (vorgegebenen) Affekten ausgehendes, differenziertes Affekterleben aus, so dass in seinem Erleben jede „äußere" Gestalt von einem ihr entsprechenden, qualifizierten „inneren" Erleben begleitet ist. Ebenso speichert auch das vorsprachliche Erfahrungsgedächtnis die wahrgenommenen Bilder zusammen mit den ihnen assoziierten Affekten.

4. Vitalitätsaffekte

Die Dynamik der Zeitgestalt einer Wahrnehmung (flüchtig, schnell, anschwellend, abklingend etc.) wird affektiv als „Vitalitätsaffekt", das heißt als innere affektive Dynamik erlebt. Dadurch können unterschiedliche Wahrnehmungen wie zum Beispiel die Bewegung der Mutter und ihre Stimme von Beginn an als zueinander gehörig oder, wie zum Beispiel die Bewegung der Mutter, begleitet von der Stimme des Vaters, als unterschieden erkannt werden.

5. Wahrnehmungsdifferenzierende Konstruktionsleistungen

Von Beginn an ist der Säugling nicht nur in einem Lernprozess begriffen, sondern auch in einem Konstruktionsprozess. Je nach Altersphase ist er auf bestimmte Wahrnehmungsmerkmale konzentriert und verfolgt unterschiedliche Aufmerksamkeitsstrategien. Ausgehend von der Grundentscheidung „bekannt - unbekannt" können seine kognitiven Konstruktionsleistungen nach den Regeln der Assimilation, Akkomodation, Assoziation und dem Erkennen von Invarianten[26] charakterisiert werden.

6. Gedächtnisleistungen

Zu den genannten Konstruktionsleistungen ist ein wie auch immer geartetes Gedächtnis erforderlich, das möglicherweise schon vor der Geburt beginnt, bestimmte Eindrücke zu speichern. Die Entscheidungen „bekannt - nicht bekannt" und „zugehörig - nicht zugehörig" können ohne Gedächtnisleistung nicht getroffen werden. DeCasper und Fifer[27] haben Mütter gebeten, ihren Föten in den letzten drei Schwangerschaftsmonaten Texte vorzulesen, die charakteristische rhythmische Muster und Akzentuierungen aufwiesen, und konnten nach der Geburt nachweisen, dass die Säuglinge den schon in utero gehörten Text besser kannten. Auch den Geruch der Muttermilch, das Gesicht der Mutter und ihre Stimme werden wiedererkannt, sie sind also in einem Gedächtnis gespeichert.

7. Selbst- und Fremdwahrnehmung

Säuglinge können zwischen Selbstempfinden und der Wahrnehmung eines Andern differenzieren; sie können wahrgenommene Dinge untereinander und soziale Vorgänge von nichtsozialen unterscheiden. Sie verfügen über ein individualspezifisches Sensibilitätsprofil ihrer Sinnesleistungen und sind von Beginn an

---

[26] Größen, die unverändert bleiben, während sich andere dazu in Bezug stehende Größen ändern.

[27] Anthony J. DeCasper, William P. Fifer, Of Human Bonding: Newborns Prefer their Mothers' Voices, in: Science, New Series (1980) 208/4448, 1174-1176.

aktiv an der Konstruktion einer Erfahrungswelt beteiligt, die über eine geschichtliche (Kontinuitäts)-Dimension verfügt. Der Säugling beginnt also spätestens mit der Geburt, seine Umwelt zu erleben, die Aspekte seines Erlebens systematisch zu ordnen und invariante Konstellationen zu erkennen. Er kann das Auftauchen von Organisation, das Entstehen seiner „Erfahrungsmatrix, aus der später Gedanken, wahrgenommene Formen, identifizierbare Handlungen und verbalisierte Gefühle hervorgehen"[28], erleben, und *somit erlebt er sich als selbst in den Prozess des Auftauchens von Organisation einbegriffen.*

Während der ersten zwei Monate widmet die Mutter einen Großteil ihrer Zeit der Regulierung und Stabilisierung der Schlaf- und Wach-, Tag- und Nacht-, Hunger- und Sättigungszyklen, sowie der Verdauungs-, Ausscheidungs- und Wärmefunktion. Die primäre Aufgabe dieser Phase ist die physiologische Regulation respektive die Herstellung einer stabilen Homöostase.[29] *Aber auch gerade diese Aufgabe wird von Anfang an in der konstitutiven sozialen Bezogenheit von Mutter und Kind geleistet.* Insofern muss man einerseits sagen, dass die Theorie von der primären Mutter-Kind-Symbiose überholt ist. Der Säugling verwechselt sein Selbsterleben nicht mit dem der Mutter und geht auch nicht in deren Erleben wie in einem gemeinsamen Kosmos auf. Andererseits aber kann er die Arbeit seiner Selbst- und Welterschließung nur in dieser von Stern und anderen Säuglingsforschern beschriebenen dualen Bezogenheit von Mutter und Kind leisten, insofern die impliziten und expliziten Reaktionen seiner Pflegeperson ihm seine Welt- und Selbsterfahrungen mehr oder weniger erkennend oder verkennend deuten und erschließen. Sein Selbstempfinden wird von Beginn an in das grammatisch gegliederte und sich sprachlich verlautbarende Wahrnehmungsstrukturerleben seiner Betreuungspersonen hineingetragen, und deren so gegliederte Wahrnehmungsrückkoppelung an den Säugling trägt ungetrennt und ungeschieden deren grammatische Strukur in das Selbstempfinden und -erleben das Säuglings mit hinein.

---

[28] D. Stern, a.a.O., 103.

[29] Stanley I. Greenspan, R.S. Lourie, Developmental structuralist approach to the classification of adaptive and pathologic personality organizations: Application to infancy and early childhood, in: American Journal of Psychiatry (1981) 138/6.

Die grammatische Zuordnung: Präjektivum

Wir haben gesehen, was der Säugling alles „von Natur aus" kann, wieviel er differenziert sehen, hören, riechen, fühlen, wahrnehmen und empfinden kann. Aber zugleich imponiert uns dieser Säugling in seiner „wachen Inaktivität", wie „nur auf Empfang" gestellt. Was uns an Säuglingen so berührt, ist oft gerade diese wache, unverstellte Empfänglichkeit, die wie eine Wachstafel wirkt, in der alles, was sie berührt, seine Spur hinterlässt. Das entspricht auch der Grundhaltung, die in der Psychotherapie als funktionelle *Entspannung* oder in der spirituellen Begleitung als *Achtsamkeit* oder kontemplatives Schweigen gelernt und geübt werden soll. Diese Haltung ganzheitlicher Empfänglichkeit oder ganzheitlichen Hörens taucht in der Grammatik als das *Präjektivum* auf. Sie ist inhaltlich nicht als ICH, sondern als DU bestimmt. Diese „wache Inaktivität" ist zugleich pathische Empfänglichkeit, sie ist ganz zum DU hin geöffnet und ganz vom DU, vom „Das Selbst regulierenden Anderen" her inspiriert.

Diese konstitutive Bezogenheit des Kindes auf die Mutter mit der aktiven Nenn- und Gestaltungskraft der Mutter auf der einen Seite und der pathischen, „wachen Inaktivität" des Säuglings auf der anderen ist die Grundhaltung und Grundbefindlichkeit, in welcher der Säugling sein Leben beginnt. Aus ihr taucht die Welt und das Selbst des Säuglings auf. Grammatisch erkennen wir die Form dieses Selbstempfindens unschwer als die, in der sich ein Mensch „gerufen" hört, nämlich bei seinem *Namen* als DU, als Hörer des Vokativ und des Imperativ. Er wird zum Antworten aufgerufen, in eine Antwort hineingerufen. Der Säugling erfährt sich „in der Angesprochenheit" und dies geschieht in pathischer Bezogenheit auf die Mutter. Er taucht nicht schon als in sich fertiges Selbst auf, sondern *als Gegenüber zur Mutter als der „das Selbst des Säuglings regulierenden Anderen", als ihr DU. Und er muss in Antwort auf sie sein Selbst entwickeln. Er muss sich selbst als DU erfahren, um ein ICH werden zu können.* Aus dem Behandelt- und Erkanntwerden als DU und dem Sich-Erleben als DU geht er als das spätere ICH hervor.

Das *Präjektivum* ist das „Vorausgeworfene", was hier bedeuten soll: Das, was uns vorausgegeben wird, was uns entgegen kommt, damit wir uns in ihm verstehen, uns in ihm erkennen, indem wir auf den uns entgegen kommenden Ruf antworten. Genau genommen sind wir im sprachlichen Sinne diesem Präjektivum als *Sub-jekt unter-stellt* (wörtlich: „unter-worfen"). Wir sind auf unseren Namen, unser „Geheiß" als Präjektivum, als uns Vorgegebenes, uns „Einheit Verheißendes", bezogen und angewiesen. Auf dieses bilden wir uns hin, in ihm suchen wir uns. Auf dieses Präjektivum hin stellen wir später auch die Frage: Was ist der Sinn dessen, dass ich bin?

Man muss im grammatischen Verstehen im Sinn behalten, dass von Beginn an, in der Phase des auftauchenden Selbst, wie auch in der Phase des Kernselbst und in allen anderen Phasen, mit dem Kind *gesprochen* wird, und dieses nicht erst im Sinne einer zu verstehenden Rede und gedanklichen Abstraktion, sondern schon auch als Handlung und Erleben, als Anspruch und Erwartungsraum, in den hinein der Säugling „auftaucht", und in den hinein er sich entwickelt. Alles zentriert sich in seinem Erle-

Fallbeispiel

Ich frage Carsten: „Wie viel ist sieben minus fünf?" „Zwei!" kommt wie aus der Pistole geschossen. Zur Belohnung gebe ich ihm sieben Eurostücke in die Hand und sage ihm: „Das war hervorragend! Hier hast du sieben Eurostücke. Fünf gibst du mir wieder. Den Rest darfst du behalten. Wieviel darfst du behalten?" Er stutzt. Ich erkläre ihm: „Du hast Deine Zahlen so gut gelernt! Ich werde dir dafür etwas Geld schenken. Du sollst mir sagen, wieviel ich dir schenke." Ich nehme die sieben Geldstücke aus seiner Hand, lege sie erneut hinein - wobei ich von eins bis sieben zähle - und sage dann: „Dieses sind sieben Geldstücke, zähle sie!" Er zählt sie und sagt: „Sieben!" „Sehr gut! Jetzt gib mir fünf davon. Den Rest darfst du behalten. Wieviel darfst du behalten?" Carsten fängt an zu raten. Deswegen sage ich noch einmal: „Wieviel ist sieben minus fünf?" „Zwei!". „Also, wieviel sind sieben Geldstücke minus fünf Geldstücke?" Er weiß es nicht. Darauf ich: „Zähle mir jetzt fünf Geldstücke von deinen sieben in meine Hand." Carsten zählt mir fünf Euro in die Hand und sieht mich an. „Wieviele sind das?" „Fünf". „Wieviele hast du noch?" Er schaut in seine Hand und zählt: „Eins, zwei. Ich habe noch zwei Stück!" „Ja, richtig, du hast noch zwei. Sieben minus fünf sind zwei!" Aber auch noch jetzt kommt es nicht zu einem „Aha-Erlebnis" bei Carsten. Er kann die Zählerfahrung nicht in das Zahlenrechnen und das Zahlenrechnen nicht in die Zählerfahrung übersetzen.

ben um diesen seinen Namen, durch den er zu Aufmerksamkeit, Bewegung, Trinken, Essen etc. aufgerufen wird. In diesen ausgesprochenen Namen und den sich in ihm eröffnenden Raum sammelt sich schon sein präverbales Leben. *Er wird aus seiner „Chaoswelt“ mit seinem Namen in seelische Bezogenheit gerufen und findet in ihr seine Zentrierung und seine sprachlich gegliederte Struktur.* Er ist in der Phase des auftauchenden Selbst noch fast nur „pathische Existenz“ (V.v. Weizsäcker), auch und gerade in seiner „inaktiven Aufmerksamkeit“. Aus ihr heraus und auf ihrer Basis wird sich sein aktives Existieren und Verstehen entwickeln.

> „Diese globale, subjektive Welt auftauchender Organisation ist und bleibt der grundlegende Bereich menschlicher Subjektivität. Außerhalb des Gewahrseins schafft er die Erfahrungsmatrix, aus der später Gedanken, wahrgenommene Formen, identifizierbare Handlungen und verbalisierte Gefühle hervorgehen. Er liegt auch der kontinuierlichen affektiven Bewertung aller Vorgänge zugrunde. [...] Jegliches Lernen und schöpferisches Tun nimmt seinen Ausgang im Bereich der auftauchenden Bezogenheit.“[30]

Das Fallbeispiel auf S. 96 illustriert eine auf die Phase der auftauchenden Bezogenheit zurückgehende Störung. Die Fähigkeit zur Übertragung von Wahrnehmungserlebnissen in andere Sinnesmodalitäten (amodale Wahrnehmung) ist eine Basis allen schulischen Lernens. Bei Kindern mit MCD (Minimale Cerebrale Disfunktion) finden sich häufig Störungen gerade in diesem Bereich.

Das Kernselbst (2.-6. Monat)

In der Kern-Selbst-Phase vollzieht sich nach Stern die „psychische Geburt“ des Säuglings: „Blickkontakt, Lächeln und Erwiderung von Lächeln, Gurren, visuelles Abtasten.“ Aktionen, Absichten, Affekte und Wahrnehmungen können zeitweilig auf die interpersonale Situation konzentriert werden.

Kaum eine Phase ist so sehr durch soziales Verhalten charakterisiert. Die primäre „Sozialbindung“ des Erlebens und Verhaltens in der Kern-Selbstphase ist aber von anderer Art als das spätere Erleben von Zweisamkeit, welches eine aktive Integrationsleistung in der erst noch folgenden *Phase der intersubjektiven Bezogenheit* darstellen wird. In Abgrenzung zur Psychoana-

---

[30] D. Stern, a.a.O., 103.

lyse sagt Stern, dass es hier noch keine fusionsartigen Erfahrungen geben kann. Die empirische Forschung lege die gegenteilige Theorie nahe, dass in dieser Phase das Empfinden eines Kern-Selbst und eines Kern-Anderen erst hergestellt werden muss, damit spätere Erfahrungen von Interpersonalität überhaupt erst möglich werden können. *Thema der Kern-Selbst-Phase ist das Erleben seiner Selbst als körperliches, vom Anderen getrenntes Wesen. Der Andere wird als von sich selbst getrennter Interaktionspartner wahrgenommen.*

Die Grundlage des Kern-Selbst-Empfindens ist nach Stern in vier Basisdimensionen der Erfahrung gegeben:

- Urheberschaft
- Selbst-Kohärenz
- Selbst-Affektivität
- Selbstgeschichtlichkeit

Aus der Verbindung dieser Selbsterfahrungsdimensionen geht das Kern-Selbst-Empfinden hervor. Es ist ein erfahrungsgeleitetes, uns im Normalfall nicht bewusstes *Empfinden* von Vorgängen. Es geht nicht um Gewahrsein, Erkennen oder Konzipieren, sondern um die rein *empfindungsmäßige Integration* der vier genannten Erfahrungsdimensionen zu einem Kern-Erleben. Dieses bildet die Grundlage für alle später sich entwickelnden Selbstempfindungen.[31]

Basisdimensionen

Basisdimension 1: Urheberschaft

Allen Bewegungen der willkürlichen Muskulatur, die nicht Reflexe sind, geht die *Ausarbeitung eines motorischen Plans* voraus. Das Vorhandensein motorischer, also willkürlicher mental gesteuerter Pläne lässt sich schon vom ersten Monat an nachweisen. Ferner folgen diesen Bewegungen ein propriorezeptives[32] Feedback und spezifische Handlungskonsequenzen.

Basisdimension 2: Selbst-Kohärenz

Die Selbstkohärenz und die Kohärenz des Anderen wird in den folgenden Variablen erlebt und als Einheit ausgewiesen:

---

[31] Für schwere Psychosen konstatiert Stern eine defizitäre Entwicklung in einem dieser Selbsterfahrungsbereiche. Daraus ließe sich die Hypothese aufstellen, dass schwere Psychosen bereits in dieser frühen Phase angelegt werden.

[32] Propriorezeption ist die körperliche Eigenempfindung.

- Einheit des Ortes unterschiedlicher (amodaler) Wahrnehmungen,
- Kohärenz der Bewegung von mehreren Dingen, die sich als Einheit bewegen,
- gemeinsame Zeitstruktur der modal unterschiedlichen Wahrnehmungen,
- gemeinsame Intensitätsstruktur, zum Beispiel steigender Hunger, lauteres Geschrei, stärkere Muskelbewegungen in Bauch und Brustraum,
- Formkonstanz der wahrgenommenen Dinge.

In dieser Phase begegnet die Betreuungsperson dem Säugling mit relativ stereotypen, stark übertriebenen spielerischen Reizen. Damit kommt sie der zentralen geistigen Bestrebung des Säuglings entgegen, die Welt durch die Suche nach Invarianten zu ordnen.[33] Der Säugling ist darauf konzentriert, Verhaltens-Invarianten zu entdecken, an denen er selbst und der Andere zu erkennen sind. Säuglinge merken sehr schnell, ob ein gegebener Reiz mit einem zuvor gegebenen identisch ist. Ein mehrfach gegebener identischer Reiz verliert bald die Fähigkeit, eine Reaktion auszulösen. Will man das Interesse des Säuglings wachhalten, muss man das Wahrnehmungsangebot leicht variieren. Zu starke Varianten verwirren und ermüden ihn, kleine Varianten in dem sonst bekannten Muster lösen hingegen seine Überraschung aus und profilieren seine Fähigkeit, das schon Bekannte von dem eben merklich noch nicht Bekannten zu unterscheiden.

Basisdimension 3: Selbst-Affektivität

Die Organisation und Manifestation der Affekte ist angeboren und kaum veränderlich. Die Affekte werden als Invarianten erlebt. Ebenso ist die mimische Konfiguration des Affektausdrucks unveränderlich. Die Motivation zur Wahrnehmungsdifferenzierung kann weitgehend durch die Variable der *Stimulierung des Erregungsniveaus* beschrieben werden. Jeder Säugling hat ein optimales spezifisches Erregungsniveau, das er als angenehm empfindet. Oberhalb dieses Niveaus wird die Erregung als unangenehm und unterhalb als uninteressant und deshalb nicht mehr lustvoll erlebt. Das optimale Erregungsniveau ist ein jeweils neu auszubalancierender Bereich, in welchem sich der Säugling und seine Betreuungsperson zu begegnen versuchen.

---

33 Z.B.: „Wo ist denn mein Schätzchen, mein Schätzchen, mein Schätzchen? Ja wo ist es denn, wo denn, wo denn?" Diese Sequenz hat nur zwei leicht variierte Elemente: „Wo denn" und „mein Schätzchen". Ähnlich ist das Krabbeln der Finger den Bauch und die Brust hinauf, bis es in ein lustiges Kitzeln übergeht.

Bei *Unterstimulierung* sucht der Säugling die Erregung auf, bei *Überstimulierung* wendet er den Blick oder den Kopf zur Seite und beginnt schließlich, wenn es ihm unerträglich wird, zu weinen. Weil jeder Säugling bestimmte Sinnesgebiete bevorzugt, ergibt sich von Säugling zu Säugling ein individuelles *Stimulationsprofil* ineinander verwobener, unterschiedlich hoher Regulationsniveaus. Der Säugling gibt sein Wohlbefinden zu erkennen und seine Betreuungsperson versucht, in ihrem Spiel und in ihrem Umgang mit ihm genau auszutarieren, wo seine optimale Befindlichkeit erreicht wird. Die Betreuungsperson ist so für den Säugling eine „das Selbst regulierende Andere". Der Säugling sammelt im Wahrnehmungskontakt mit ihr seine Grunderfahrungen in Bezug auf

- das Optimum seiner quantitativen Erregung,
- die Art und Weise der Regulierung seines eigenen Stimulationsniveaus und
- die Art und Weise der Regulierung des Stimulationsniveaus seiner Pflegeperson.

Säuglinge werden bei häufig dysregulierenden Betreuungspersonen mehr den Rückzug suchen, um sich selbst regulieren zu können, während umgekehrt ein Säugling, der ständig reguliert wird, Schwierigkeiten hat, sich selbst zu regulieren. Er wird nun etwa

- die Erregung außerhalb der Reichweite der Pflegeperson aufgipfeln lassen,
- sich in Passivität der Überregulation fügen,
- sich durch Wegblicken, „Verinnerlichen", Einschlafen dem regulierenden Anderen entziehen, etc.

Dergleichen ist nicht als Abwehrmaßnahme im psychodynamischen Sinne zu verstehen, sondern als *Anpassungsreaktion*. Diese Verhaltensweisen sind im wörtlichen Sinne (Charakter-)*prägend*,[34] weil zwischen diese Einflüsse und die unmittelbare Reaktion des Säuglings noch keine Steurungsinstanz, etwa eine ICH-Instanz, die willentlich abwehren könnte, eingeschaltet ist. Eine psychoanalytisch zu verstehende Psychodynamik gibt es darum in diesem Alter noch nicht. Sie kann erst entstehen, wenn eine symbolische Repräsentanz abzuwehrender Impulse gegeben ist, was wiederum die Fähigkeit des Selbst voraussetzt, sich selbst zu reflektieren. Das wird erst möglich, wenn der Säugling zu sprechen beginnt und mit Hilfe der Spra-

[34] „Charakter" hatte ursprünglich die Bedeutung eines eingeprägten oder eingebrannten Schriftzeichens.

che ein regulierendes Selbstverhältnis ausbilden kann. Erst mit dem späteren ICH ist dann die ICH-Instanz gesetzt, von der Freud gesprochen hat. Allerdings wird hier dessen Genese etwas anders als von Freud beschrieben, nämlich als die durch Sprache vermittelte Fähigkeit, zu sich selbst eine reflexive Distanz einzunehmen, sich selbst also ins *Objektivum* zu setzen, oder auch sich teilnehmend mit einer anderen Person im *Trajektivum* zu verbinden. Mit dem Selbst beschreibe ich also das Selbstempfinden und Selbsterleben, auf das sich das ICH reflexiv bezieht, wenn es von *„sich selbst“* spricht.

Ein Beispiel

Ein Säugling wird von der Mutter immer auf dem Rücken in sein Bettchen gelegt. Über sich sieht er die Licht- und Schattenreflexe im Vorhang seines Bettchens spielen. Er ist fasziniert von diesem Spiel. Zwei, drei dieser Episoden, die wir „das Lichtspiel“ nennen wollen, mag er zunächst einzeln, nebeneinander in seinem Gedächtnis bewahren und unterscheiden. Aber dann werden es mehr Lichtspiele. Ihre sehr ähnlichen Elemente schieben sich ineinander. Es entsteht eine *generalisierte* Lichtspiel*episode.* Sie ist nicht mehr identisch mit einem realen Erlebnis. Sie ist eine abstrakte Erfahrung als „Schnittmenge“ vieler sehr ähnlicher Erfahrungen.

Eines Tages legt nun die Mutter ihren Säugling auf dem Bauch in sein Bettchen, weil der Arzt ihr geraten hat, die Lage häufiger zu wechseln. Es ist wieder dasselbe Bettchen. Der Säugling ist satt, warm und trocken. Aber er sieht das Lichtspiel nicht und hat andere Gefühle. Er schreit, bis die Mutter das Bettchen sanft schaukelt: Eine neue Episode entsteht, eine „Schaukelepisode“. Die Schaukelepisode ist eine neue Einschlaferfahrung. Gegenüber der generalisierten Episode des Lichtspiels ist es eine spezifische Episode. Sie hat viele Attribute (satt, warm, trocken) mit dem Lichtspiel gemein. Aber die Erwartung „Lichtspiel“ wurde entäuscht. Die Entäuschung ist gleichsam das psychische Merkmal geworden, an welchem die Schaukelepisode als eine „andere“ spezifische Episode erkannt und installiert wird. Sie mag eine Einzelepisode bleiben oder sich mit mehreren weiteren wiederum zu einer generalisierten Schaukelspielepisode entwickeln.

Basisdimension 4: Selbst-Geschichtlichkeit

Die Kontinuität des Selbsterlebens kann nur durch ein wie auch immer geartetes Gedächtnis gewahrt werden, welches die unterschiedlichen Erlebnissituationen zu vergleichen, zu ordnen und zu speichern vermag. Wir haben das beim auftauchenden Selbst schon als dessen vorsprachliche „Gedächtnisleistung" charakterisiert. Wenn zum Beispiel die Atmung eines Neugeborenen beim Stillen zufällig durch die Brust behindert wird, reagiert es bei der nächsten Mahlzeit „brustscheu". Offenbar besitzt es die Fähigkeit, das affektive Erlebnis zusammen mit der auslösenden Situation zu registrieren und in der wiedererkannten Situation zu reproduzieren. Piaget spricht in diesem Zusammenhang vom sensomotorischen Schema und meint damit ein Gedächtnis, welches auf Erleben, nicht auf Sprache beruht. Dieses Gedächtnis setzt möglicherweise schon im Mutterleib ein.[35] Stern betont einerseits, dass die Theorie, Verschmelzungserlebnisse seien das Residuum einer ursprünglich erlebten Symbiose zwischen Mutter und Kind, empirisch nicht bestätigt werden kann, andererseits aber setzt er die primäre soziale Bezogenheit allen frühkindlichen Erlebens voraus und mit ihr die Unterschiedenheit des Kern-Selbst und des Kern-Anderen im Erleben und im Gedächtnis des Säuglings. Darum stellt sich ihm die Frage, wie man sich ein Gedächtnis vorstellen muss, das solch differenzierten Ansprüchen genügt. Es muss folgende Leistungen umfassen und differenzieren können:

- Die signifikanten Veränderungen im Gefühlszustand des Säuglings, die dem Selbst angehören, wenngleich sie vom Selbst gemeinsam mit einem Anderen erzeugt wurden;
- die andere Person, so wie sie im Augenblick der Veränderung gesehen, gehört und gefühlt wird;
- das intakte Empfinden eines Kern-Selbst und eines Kern-Anderen, von dem all diese Vorgänge sich abheben;
- unterschiedliche Ereignisse in vielfältigen Kontexten und Situationen.

Wie können all diese Elemente zu einer subjektiven Einheit verbunden werden, die weder eine Verschmelzung noch ein Wir-Selbst noch eine gefühllose kognitive Assoziation zwischen dem eigenen Selbst und dem Anderen darstellt?

Tulvingbeschreibt ein *Episodengedächtnis*, das die Erinnerung an reale Erlebnisse enthält. Es kann Handlungen, Affekte,

---

[35] A.J. DeCasper, W.P. Fifer, a.a.O.

Wahrnehmungen etc. umfassen.[36] Die Grundeinheit dieses Gedächtnisses ist die *Episode* als ein kleiner „Block" gelebter Erfahrung. Als kohärente Erlebniseinheit besteht dieser Block aus unterschiedlichsten Attributen der Situation, aus der das Erleben stammt. Zwar können einzelne Attribute wie Wahrnehmungen, Affekte und Handlungen von der Episode isoliert werden, aber in der Regel bleibt sie als Ganzes bestehen. Aus mehreren ähnlichen Episoden baut sich eine *generalisierte Episode* auf.

Alle so in der präverbalen Entwicklung entstehenden generalisierten Episoden, deren Ganzheit aus vielen Einzelepisoden und diese wieder aus den Elementen eines mehrdimensionalen Interaktionsgeschens zusammengesetzt sind, nennt Stern *Reprasentations of Interactions that have been Generalized* (RIGs). Bereits die präverbalen RIGs sind eine generalisierende Abstraktion (G) und insofern nicht mit einem realen Erlebnis oder Ereignis identisch!

In den RIGs wird eine in sich konsistente Welt- und Selbsterfahrung aufgebaut, welche einerseits dem Bedürfnis nach Orientierung an invarianten Ordnungsprinzipien entgegenkommt, andrerseits aber durch den Fluss ständig neuer Episoden einen dynamischen Charakter hat und daher immer wieder neu organisiert werden muss.

Jede Situation von Geburt an wird als soziale Situation erfahren und wird mit ihren sozialen Situationsmerkmalen in das Episodengedächtnis und die RIGs aufgenommen. In den RIGs ist also auch der *Sozialpartner* mit vielen Merkmalen enthalten. Stern bezeichnet den so in den RIGs des Säuglings repräsentierten Anderen als *evozierten Gefährten*, also als eine durch wiedererkannte Situationsmerkmale hervorgerufene *Erwartung* an den Anderen, wie er sich im Sinne der schon bekannten, ähnlichen Episoden zu verhalten hat. Schon in dieser frühen vorsprachlichen Beziehung wird somit dem realen Anderen eine Verhaltensvorgabe - wenn man so will: eine Verhaltens*norm* in Form des evozierten Gefährten entgegengebracht. Die Welt wird als „vertraut" erlebt, wenn das Verhalten des „Das Selbst regulierenden Anderen" dem evozierten Gefährten entspricht. Nur in diesem Fall können die positiven Rückmeldungen, die der Säugling mit dem RIG verbindet, wieder erlebt werden.

---

36 Endel Tulving, Episodic and Semantic Memory, in: Endel Tulving, Wayne Donaldson (Hg.), *Organization of Memory* (Academic Press: New York, London, 1972), 382-402.

Störungen des Kern-Selbst-Empfindens

In der Phase der Kernbezogenheit geht es um die Entwicklung eines Kern-Selbst-Empfindens. „Objektiv“ handelt es sich dabei um die Herstellung der biopsychischen Homöostase. Subjektiv geht es um ein in sich balanciertes Selbsterleben (Wohlbefinden), das als dynamisches Gleichgewicht verstanden werden kann. Es ist ständig gefährdet und muss ständig neu aktiv hergestellt werden. „Der Andere“ (die Mutter) wird in diesem Herstellungsprozess als der das Selbst-Erleben mehr oder weniger regulierende oder störende Andere erlebt.

Je nach der spezifischen frühkindlichen Situation

- bezieht sich der Säugling darin mehr auf die Mitwirkung anderer Personen,
- findet er sein Gleichgewicht mehr im sozialen Rückzug oder
- ist er im Finden seiner inneren Ausgeglichenheit von hoher Labilität und Irritierbarkeit gekennzeichnet.

Die Empfindung des Kern-Selbst ist nie abgeschlossen und nie unerreichbar.

„Archaische Qualen“

Stern spricht bewusst nicht von Ängsten, sondern von Qualen, weil in dieser Phase noch keine Ängste im eigentlichen Sinne erlebt werden. Das Erleben von Angst und Furcht setzt die Fähigkeit zur Antizipation zukünftiger Ereignisse voraus, die erst nach dem sechsten Lebensmonat ausgebildet wird. Stern definiert archaische Qualen als „Ausfälle oder Beeinträchtigungen jener Funktionen, deren kontinuierliche Aktivität zur Aufrechterhaltung der wichtigsten sozialen oder interpersonellen Zustände erforderlich ist“.[37]

Archaische Qualen beruhen auf rein affektiven Einschätzungen der gegenwärtigen Situation. Sie beziehen sich auf

- äußere Reize (süß, bitter, sauer, eine plötzliche laute Stimme usw.)
- innere Reize (Hunger, Durst, Sauerstoffmangel, körperliches Befinden usw.)
- interpersonale Reize und Zielzustände (Kontakt, Gehaltenwerden, Sehen und Gesehenwerden),
- die Organisation der Wahrnehmung mit dem Ziel, ein Kern-

[37] D. Stern, a.a.O., 284.

Selbst-Empfinden der Urheberschaft, Kohäsion, Affektivität und Kontinuität entstehen zu lassen.

Archaische Qualen signalisieren die Gefahr der Auflösung des Kern-Selbst-Empfindens. *Die Integrität des Selbst ist bedroht.*

Mit dieser Begriffsbestimmung lassen sich die archaischen Angst-, Wut- und Panikreaktionen bei *Borderlineerkrankungen* und ähnlichen Störungen leichter verstehen. Sie zeichnen sich dadurch aus, dass sie in ihrem Ausmaß und ihrer affektiven Tönung nicht mehr auf das ängstigende Objekt bezogen sind, sondern von einem Affekt der zentralen Bedrohtheit gesteuert werden.

„Frühe Störungen"

Da Stern im Gegensatz zur Psychoanalyse von der Adäquatheit der Realitätswahrnehmung des Säuglings ausgeht, steht er in Bezug auf frühe Abwehr- und Spaltungsprozesse der Interpretation *Heinz Kohuts* (1913-1981) und *John Bowlbys* (1907-1990) nahe, welche die präödipale Pathologie auf reale Defizite statt auf psychodynamische Vorgänge zurückführen: „Die Bewältigungsfähigkeiten entwickeln sich in Form realitätsbezogener Anpassungen. Abwehrmaßnahmen, die die Realität entstellen, treten erst in Erscheinung, wenn das symbolische Denken verfügbar ist."[38]

Klinische Störungen

In dieser Phase können klinische Probleme auftreten, die sich hauptsächlich im regulativen Bereich von biopsychischer Homöostase und Kern-Selbst-Erleben bewegen, wie zum Beispiel Schlaf- und Ernährungsprobleme und Probleme der gestörten Interaktion zwischen Mutter und Kind. Aber diese Probleme werden falsch interpretiert, wenn sie als Anzeichen intrapsychischer Konflikte gewertet werden. In ihnen manifestiert sich vielmehr ein problematischer interpersonaler Austausch. Säuglinge haben an den interpersonalen Beziehungen teil und insofern auch an ihren Störungen. Sie verhalten sich aber durchaus realitätsgerecht in der augenblicklich gegebenen familiären Interaktionsrealität. Es gibt in diesem Alter noch keine „seelische" (interne) Konfliktdynamik im eigentlichen Sinne, die sich „in" dem Säugling als Dynamik zwischen unterschiedlichen Instanzen abspielen würde.

[38] D. Stern, a.a.O., 355.

Die grammatische Zuordnung: Selbst als Subjekt

Wenn nun der Säugling, wie Stern sagt, die Realität unverfälscht abbildet und in ihr sich selbst, den Anderen sowie die unbelebten Dinge unterscheidet, wenn er darüber hinaus durch die RIGs einen inneren Erfahrungsraum bildet, so wird durch dieses alles der Grund für das gelegt, was sich später mit dem „Selbst“ verbindet.

Grammatisch gesehen ist das „Selbst“ aber kein Substantiv, sondern ein Beziehungswort, genau wie auch Stern dieses Selbsterleben als eine nicht reflexive Form der Bezogenheit auf sich selbst definiert. Das ist etwas anderes als das spätere ICH, welches als reflexive Beziehung zu sich selbst entsteht.

Als Kernselbst bildet sich ein unmittelbarer, nicht reflexiver Erlebnisraum, der im Dialog des werdenden Selbst aus dem DU, also aus dem Angesprochensein durch den Anderen, entsteht. Dieses Selbst zentriert sich unter seinem immer wieder ausgesprochenen Namen als das, worauf sich das spätere ICH bezieht, wenn es sich in seiner Identität als „Ich-selbst“ meint. Somit geht das Kernselbst zwar aus der Interaktion von Mutter und Kind hervor, aber es ist kein Bewusstsein, das wir schon als ein reflexives ICH bezeichnen könnten. Vielmehr bauen in der Kernselbstphase Mutter und Säugling gemeinsam das Kernselbsterleben des Säuglings als Basis der späteren Identitätserfahrung auf.

Wenn wir das damit verbinden, dass Stern von der nicht reflexiv, sondern unmittelbar und „unverfälscht abgebildeten Realität“ in dieser Phase spricht, dann können wir dieses Selbst auch als das Erleben des Geschehenden in der grammatischen Zeitform des *Präsens Indikativ* verstehen.[39] Sie enthält das, was jetzt ist, was im Geschehen begriffen ist. Etwa so: Schmerz und Schrei bricht auf, steigert sich, schwillt an. Bewegung entsteht, Stimme geschieht, Berührung gibt Halt. Wärme kommt auf, Entspannung tritt ein, Schmerz löst sich auf, Stimme fließt ein.

Ohne Mutter, die ihm das Leben zuträgt, ihn hält, nährt, reguliert, kann der Säugling sich als Selbst nicht erfahren. Sein Selbst baut sich auf als ein Kern strukturierter, geprüfter und ständig neu organisierter Selbst-Erfahrung.

---

[39] „Präsens“ = „Gegenwart“; „indicare“ = „anzeigen“, „vorbringen“ - grammatikalisch gesehen einer unmittelbaren Wirklichkeit.

Anders als es Freuds Theorie nahe legt sehen wir es nicht so, dass die körperlich organische Ebene in sich wie ein „Apparat" von drei Instanzen gedacht werden muss, der dann merkwürdigerweise irgendwann zu sprechen beginnt, sondern es ist von vornherein die Sprache, die im Zusammenwirken von Säugling und Mutter das psychobiologische Leben des Säuglings auslegt. Sie ist schon von Beginn an als Laut und Klang in die RIGs hinein gearbeitet. Die RIGs als Sprachelemente fügen den unmittelbaren Erlebniseinheiten der *rechten Gehirnhälfte* sozusagen den Marker zu, über den sie dann in der *linken Gehirnhälfte* eine räumliche und zeitliche Struktur im Sinne der Grammatik unserer Sprache erfahren. Die Sprache ist sozusagen die Software, durch welche die RIGs zu einem zeitlich und räumlich organisierten System strukturiert werden. Letztendlich erfährt unser gesamtes soziales und gesellschaftliches menschliches Leben durch *Sprache* seine Struktur, seine Mitteilbarkeit und soziale Verbindlichkeit.

Sobald das Einzelerleben seine Reflexion im Sprachraum findet, geschieht dies in einem neuen gemeinsamen geistigen Raum, den wir in der sogenannten *verbalen Phase* als Raum des MAN beschreiben und dessen Struktur wir als Grammatik unserer Sprache kennen. Erst die Reflektion unserer Welt- und Selbstwahrnehmung im Medium der Sprache gliedert unsere Welt in der Weise, dass wir sie untereinander kommunizieren können, dass sie verstehbar und mitteilbar wird.

Das (inter-)subjektive Selbst (07.-18. Monat)

In der folgenden Phase wird dem Säugling die Subjekthaltigkeit des Kern-Selbst und des Kern-Anderen wie auch die *intersubjektive* Bezogenheit beider bewusst erlebbar. Damit geht es erst jetzt auch um eine bewusst erfahrene Dualität von DU und ICH als einer besonderen Form von Beziehung.

Auf der Basis primären Getrenntseins rückt die Erfahrung von Subjektivität (Gefühle, Motive, Absichten, etc.) und das Erleben von Intersubjektivität (sich einigen, Gleiches meinen, beabsichtigen, fühlen etc.) in den Mittelpunkt des Interesses. Innere Zustände werden nicht mehr nur erkannt und reguliert, sondern geteilt und mit-geteilt. Es kommt zur Bildung gemeinsamen Erlebens, das in der Kommunikation zweier in sich eigenständiger Subjekte entsteht.

Neu darin ist das bewusste Erleben und Gestalten von Zweisamkeit:

- die Erfahrung von „Innerlichkeit“ im Kern-Selbst und im Kern-Anderen,
- das Entdecken gemeinsamer Wirklichkeit und Teilhabe an ihr,
- das Erleben und Deuten von Intentionalität als eigentlicher Innerlichkeit von Bewegung und Ausdruck,
- das „mit dir“ und entsprechend auch
- das „ohne dich“ und „ohne mich“,
- das Erleben von Einsamkeit und seelischem Getrenntsein.

Dimensionen der Gemeinsamkeit

Diese psychische Einbindung wie auch die Isolation wird nach Stern empirisch greifbar in folgenden Dimensionen:

- *Gemeinsame Ausrichtung der Aufmerksamkeit*: Das Baby folgt der Blickrichtung der Mutter und wieder zurück zur Mutter (Vergewisserung)
- *Intentionale Gemeinsamkeit*: Vorsprachliche Formen des Bittens, Mitteilens von Absichten etc. Zum Beispiel teilt die Mutter dem Säugling durch Bewegungen und stimmungsmäßig mit, dass sie seinen Wunsch nach einem Keks verstanden hat und sich nun mit ihm zusammen müht, nach dem etwas entfernt liegenden Keks zu greifen
- *Gemeinsamkeit affektiver Zustände:* Die Mutter hat zum Beispiel mit dem Säugling gespielt und ihn gekitzelt. Zuerst lacht er über das Kitzeln und die Mutter freut sich daran (regulatives Verhalten im Sinne des Kern-Selbsterlebens). Aber dann entdeckt der Säugling die Freude der Mutter und sie wiederum sein Erkennen. Beide sind glücklich in der entdeckten Gemeinsamkeit ihrer Freude, durch die sie sich innig verbunden fühlen (Gemeinsamkeit affektiven Erlebens im Sinne des intersubjektiven Selbsterlebens).

Affektabstimmung

Erarbeitet wird das Gemeinsamkeitserleben in einem intersubjektiven Geschehen, das Stern *Affektabstimmung* (Affect Attunement) nennt. Er verbindet mit diesem Begriff ein theoretisches Konzept zum Verständnis differenzierter Intersubjektivität.

Die Affektabstimmung wird von einem Grundbedürfnis nach *psychischer Zugehörigkeit* angetrieben. Zwischen Säugling und Mutter wird dabei nicht mehr nur nachgeahmt wie in der vorausgehenden Phase, sondern es wird ein „Spiel“ eingeleitet, welches den Raum affektiver Gemeinsamkeit ausschöpft und erweitert.

Am deutlichsten erschließt sich das über den Begriff *Intentionalität*, den Stern schon den kleinsten Einheiten der RIGs beilegt. Gemeint ist: Die Zugehörigkeit oder affektive Gemeinsamkeit wird auf dem Weg über das Erkennen der Intentionalität einer Bewegung oder eines Bewegungsimpulses beim Anderen gesucht und erfahren. Ein kleinster Bewegungsimpuls des Säuglings auf die Mutter zu oder von ihr weg fordert unmittelbar deren Deutungsbedürfnis heraus, die Intention dieser Bewegung zu erraten, ihr entgegen zu kommen, sie zu verstärken oder irgendwie anders zu beantworten. *Affektabstimmung* meint also, sich in Bezug auf die erlebten Affekte in deren *Intention* abzustimmen.

Nicht verbal verstanden könnte man die „Intention" auch „Bedeutung" nennen, denn es geht dabei nicht um möglichst exakte Nachahmung der wahrgenommenen Verhaltensäußerungen, sondern um das *Verstehen* der sich im Verhalten ausdrückenden Gefühle, die, meist in einer anderen Sinnesmodalität, mitgeteilt und gemeinsam erlebt werden sollen. Zum Beispiel reißt der Säugling beide Arme hoch und die Mutter begleitet das mit einem die Dynamik und Intensität dieser Bewegung nachahmenden, verstärkenden oder abschwächenden „Hui!". Die Mutter überträgt den sich in der Armbewegung ausdrückenden *Vitalitätsaffekt transmodal* aus der Dimension des Bewegens und Sehens in die des Tönens und Hörens. Indem sie das tut, entsteht zwischen ihr und dem Säugling eine Basis kontinuierlichen Zusammenseins und Zusammenerlebens als eine Erlebniskategorie, die jede spätere soziale Gemeinsamkeit als einen ständigen Abstimmungsprozess, aufeinander abgestimmt zu sein oder einander misszuverstehen, begleitet.

Eine sozusagen „reine" Grundform dieser Abstimmung nennt Stern das *Communing Attunement.* Seine innere Intention besteht darin, in der Gemeinsamkeit mit dem Anderen dessen Erleben zu teilen, ohne das, was der andere tut oder erlebt, verändern zu wollen. Es geht dabei um "*unverfälschte Intersubjektivität*".[40]

[40] In faszinierender Form ist *Abstimmung* z.B. bei gemeinsam jagenden Löwen, gemeinsam äsenden Gänsen oder gemeinsam flüchtenden Fischschwärmen zu beobachten. Hier findet sie so perfekt statt, dass man glaubt, es handele sich nicht um mehrere aneinander orientierte Tiere, sondern um einen gemeinsamen Organismus aus mehreren Individuen.

Das spätere Signalisieren von Affektzuständen durch Zunicken, Zuwinken, Ausdrucksgesten und dergleichen ist eine Dimension der Affektabstimmung, in welcher der Prozess mit dem Ziel sozialer Bestärkung auf die Ebene bewusster Kommunikation gehoben wird.

Formen des Abstimmungsverhaltens

Das Verhalten des Erwachsenen dem Säugling gegenüber ist in der Abstimmung nie entweder authentisch oder unauthentisch, sondern aufgrund unserer Ambivalenzen *mehr oder weniger authentisch.* Die einzelnen Verhaltensweisen im Abstimmungsprozess müssen daher als Teile eines Verhandlungsprozesses angesehen werden, aus dessen Gesamtheit die Klarheit (Eindeutigkeit versus Zwiespältigkeit) seiner Intention hervorgeht.

Übertriebene Abstimmung

Sie bildet das psychische Pendant zur physischen Aufdringlichkeit. ES handelt sich um den Versuch, die Kern-Selbst-Bezogenheit des Säuglings zu überspielen und über sie hinweg oder gegen sie eine symbiotische Zweieinigkeit zu installieren. Stern rechnet ihr eine entwicklungsverzögernde Wirkung zu, die den Individuationsprozess jedoch nicht wesentlich beeinträchtige. Ich neige aber zu der Ansicht, dass sich im Gegenteil die übertriebene Abstimmung dergestalt auswirkt, dass eine Person sich nicht auf sich selbst (Kernselbsterfahrung) und ihre eigenen Affekte einlassen kann, ohne sich auf das Mitwirken eines anderen oder auf dessen Zustimmung zu beziehen.

Fallbeispiel

Ich frage einen 25-jährigen Sohn einer psychotischen Mutter, warum es ihm nicht möglich ist, sich von ihr zu verabschieden und sich seinem eigenen Leben und anderen Frauen zuzuwenden. Er antwortete unter Tränen: „Weil sie mich nicht ein einziges Mal in den Arm nimmt!" „Verstehe ich richtig: Wenn sie Sie anschauen und in den Arm nehmen würde und wenn darin spürbar würde, dass sie einander begegnet sind, dann könnten Sie sich verabschieden und gehen?“ „Ja! So habe ich es gemeint".

Sein „unerledigtes Geschäft“ ist, die Intersubjektivität mit der Mutter ein einziges Mal als innere Begegnung zu erleben. Dann könnte er sich auch seinen eigenen Fragen und anderen Frauen zuwenden.

Selektive Abstimmung

Hierbei gehen die Eltern auf bestimmte Affektsignale des Kindes ein und auf andere nicht. Dabei muss es sich nicht um explizite oder implizite Verbote handeln. Zum Beispiel kann es sein, dass ein Kind sehr stark auf Farben anspricht, seine Mutter aber auf sie nicht reagiert und mit der Freude des Kindes über sie nicht „mitschwingt“. Dadurch entstehen beim Kind „private“ Erfahrungen, die in die soziale Kommunikation nicht aufgenommen werden. Das Kind lernt, welche Gefühle intersubjektiv mitteilbar sind und welche nicht und übernimmt auf diese Weise sehr frühzeitig unbewusst einen Verhaltenskodex der Eltern, der auch von diesen weder bewusst noch normativ formuliert sein muss.

Zweckbestimmte Fehlabstimmung

Eine andere Grundform besteht im so genannten *Tuning*. Dabei wird die Gefühlsäußerung des Kindes positiv aufgenommen, zugleich besteht aber die Absicht, seinen Affekt zu verändern. Meistens soll das Affektniveau gesteigert oder gesenkt werden. Da die Bezugsperson sich über den Abstimmungsprozess in das Affekterleben des Kindes „einschleicht“, gewinnt sie gleichsam die Möglichkeit, dessen Erleben von innen heraus zu verändern. Das Gefühl der Abstimmung soll gewahrt, gleichzeitig aber das gemeinsame Erleben in Richtung eines intendierten Wertes verändert werden. Insofern geht es weniger um eine „Fehlabstimmung“ als um eine manipulative Abstimmung in der Intention, das Erleben und Verhalten des Kindes zu verändern. Der Veränderungswille kann dabei so weit gehen, dass schließlich die in der Abstimmung aufgenommene Erlebniseinheit verloren geht und dem Manipulationsinteresse geopfert wird.

Eigentliche Fehlabstimmung

In der *eigentlichen Fehlabstimmung* ist die Bezugsperson nicht in der Lage, das Affekterleben des Säuglings aus seinem Verhalten zu erschließen und sich in das affektive Erleben des Kindes einzustimmen, oder sie ist unfähig, das miterlebte Gefühl in einem adäquaten Ausdruck dem Säugling zurückzugeben und mit ihm zu teilen.

Fazit

In der Phase der (Inter-)Subjektivität geht es um die Herstellung einer interaffektiven Bezogenheit. Die *gegenseitige* Regulierung des Selbsterlebens in der Kernselbstphase wird ergänzt durch die *gemeinsame* Abstimmung des wechselseitigen affektiven Erlebens. Das ermöglicht den Eltern, dem Kind zu vermitteln, welche subjektiven Eindrücke innerhalb oder außerhalb der Grenzen wechselseitiger Kommunikation und Akzeptanz liegen. Insofern wirkt die intersubjektive Responsitivität der Eltern wie eine Schablone, die im Kind entsprechende intrapsychische Erfahrungen prägt und hervorbringt und auf diese Weise in der Lage ist, Wünsche, Befürchtungen, Verbote und Phantasien präverbal zu konturieren. Diese Schablone wird in einem gemeinsamen Prozess beidseitig entwickelt.

Abstimmung ist somit der Schlüssel zur Subjektivität der „Seele" des Anderen. Sie kann zu Bereicherung und zum Einssein, aber auch zur Verarmung oder Vereinsamung des inneren Erlebens beitragen. Trotz bester Befriedigung der auf das Kern-Selbst bezogenen psychischen und physiologischen Bedürfnisse kann bei dem „Das Selbst regulierenden Anderen" die affektive Abstimmung als Teilnahme am Erleben des Säuglings fehlen.

Die grammatische Zuordnung: WIR im Dual

In der Kern-Selbst-Phase ging es um die Erfahrung des *Selbst.* Die eigene Person wurde durch die Andere erfahren. Der Andere wird als Anderer erkannt und angerufen, aber er wird noch nicht im engeren Sinne zum Gegenüber oder Mitsubjekt in der Kommunikation. Das geschieht nun aber in der Phase der Intersubjektivität als *dativische Beziehung.* Jetzt wird der Säugling vom Anderen und der Andere vom Säugling als eigenständiges Subjekt und Gegenüber einbezogen, beide werden einander zum je eigenständigen „Mit-Subjekt". Ich gehe auf das Kind zu und auf das Kind ein, kose *mit* ihm, lache *mit* ihm. Das Kind erfährt sich zusammen mit mir in diesem Spiel. Es fordert auch mich heraus, wird sich seiner Wirkung auf mich bewusst und *wird zum aktiv mitgestaltenden Partner unserer Zweisamkeit.*

Stern betont, dass diese Zweisamkeit in beiden gleichermaßen wurzelt und von beiden gleichermaßen gespeist wird. Darum ersetzen wir an dieser Stelle das „Mit-Subjekt" durch den Begriff des *Trajekts.* Das WIR als Trajekt ist eine grammatisch eigenständige „Person", in der alle beteiligten Subjekte gleichermaßen wirksam sind. Das ICH und das DU in der *dativischen Beziehung des WIR*, das sind die Kategorien, die wir dieser Entwicklungsphase zuordnen können. Der Schmerz dieser Phase ist, sich aus der gemeinsamen interaktiven Welt herausgefallen oder sich in sie nicht aufgenommen zu erfahren.

Die gemeinsamen Abstimmungs- und Verstehensprozesse in dieser Phase bilden auch die Basis für die spätere Phase des *narrativen Selbst* (ab 30. Monat), in welcher es um das Erzählen und Konstruieren der gemeinsamen Geschichte und damit um die Konstruktion einer sozialen (WIR-)Identität geht.

Die ödipale Bindung neu verstanden

In der Psychoanalyse ging man davon aus, dass der Säugling mit der Mutter zunächst eine amorphe symbiotische Erlebniseinheit bildet, die sich als *ödipale Bindung* fortsetzt, wenn es ihm nicht gelingt, sich von der Mutter rechtzeitig zu lösen. Das ging als „Mutterbindung" in den Volksmund ein. Aber diese Art von „Bindung" muss von Stern her dialektisch verstanden werden in diesem Sinne: Die Mutter und der Säugling zusammen müssen differenzierte Nähe *herstellen* und diese Nähe ist keine symbiotische, sondern sie ist eine „Begegnung" zweier Subjekte, die miteinander *Trajektivität* erfahren.

Der Säugling braucht die Mutter für sich als „Lehrerin", um sich das Rüstzeug für den Aufbau kommunikativer Beziehungen, also den Weg in die Sozialität, erarbeiten zu können. Insofern ist *Affektabstimmung* nicht mit „Bindung" identisch, sondern in einer sicheren Bindung kann Affektabstimmung als Basis für den späteren selbständigen Aufbau sozialer Beziehungen erlernt werden. „Bindung" stellt dabei den umfassenden Begriff beziehungsweise das Medium dar, in welchem das notwendige Lernprogramm *Affektabstimmung* stattfinden kann.

In grammatischer Begrifflichkeit kann man diese Bindung als gelingende *dativische Beziehung* (zusammen mit jemand*em*) oder als *trajektive Bezogenheit* bezeichnen. Erst in dieser erkennenden und differenziert rückkoppelnden „Primärbindung" erhält der Säugling die Fähigkeit, sich von der Mutter lösen und anderen Sozialpartnern in gleicher Weise differenziert zuwenden zu können. Gerade dieses erklärt uns in einem einfachen Satz der oben zitierte Patient einer schizophrenen Mutter.

Wo dieser gemeinsame Empfindungsraum zur Bildung des Abstimmungsrüstzeugs des Einzelnen fehlt, kann auch das darauf aufbauende Sich-Verstehen mit Anderen nur in untergründiger Unsicherheit und Angst gelingen. In diesem Fall muss die Bezogenheit später dann in anstrengender Weise verbal über das Fehlen des emotionalen Abgestimmtseins hinweg oder durch Verwendung bestehender kultureller Muster geleistet werden.

Die letztere Beziehungsart ohne inneren Abstimmungsraum ließe sich dann treffend mit dem psychoanalytischen Begriff „Objektbeziehung“ (statt Trajektbeziehung) charakterisieren, als eine Bezogenheit, in der sich ein Subjekt zu einem Objekt verhält, wobei diese Bezogenheitsform nicht durch innere Abstimmung gekennzeichnet oder getragen ist, sondern durch beobachtende Wahrnehmung. Aus ihr heraus „erspürt“ und „errät“ das Subjekt die inneren Zustände, Intentionen und Befindlichkeiten des jeweiligen Beziehungsobjekts, die sie dann in das Beziehungsobjekt hineinprojiziert.

Mir scheint, dass im Hinblick auf die Entwicklungsphasen des Selbst auch der in der Psychoanalyse allgegenwärtige „Ödipuskomplex“ eine gewisse Differenzierung erfahren muss, weil er sich den Entwicklungsphasen entsprechend auf unterschiedlichen Ebenen abspielen kann:

- Als „depressiver Todeswunsch“ der Rückkehr in den Leib der Mutter müsste er als das missglückte Auftauchen in eine ihn aufnehmende Bezogenheit in der *Phase des auftauchenden Selbst* gedeutet werden.
- Er ließe sich aber auch aus der Sehnsucht nach liebendem körperlichem Kontakt zur Erfahrung des Selbst in der *Phase des Kernselbst* verstehen, wenn das Kind in dieser Hinsicht starke Defizite erleidet.
- Wiederum könnte er als Ausdruck der Sehnsucht gedeutet werden, mit der Mutter in eine differenzierte Affektabstimmung zur Bildung einer trajektiven Beziehung und Beziehungsfähigkeit in der *Phase der Intersubjektivität* zu kommen.
- Und schließlich wäre dann auch noch an die „Genitalität“ des Ödipuskomplexes zu denken, wie Freud ihn hauptsächlich verstanden hat, dass nämlich der Junge den Mangel der Begegnungsfähigkeit der Eltern in der Mutter entdeckt und daraufhin ihr der „bessere Mann und Erlöser“ sein will.

Das verbale Selbst (18-30. Monat)

Mit Beginn der Sprache wird die soziale, interkommunikative Welt in eine entscheidend andere Dimension, eben in die *Sprachwelt* gehoben respektive um sie erweitert und von ihr her neu strukturiert.

Jetzt ist das Kind nicht mehr nur pathisch miterlebendes Selbst seiner Insistenz, sondern es tritt aus dieser Insistenz heraus in seine *Existenz*. Dadurch gelangt es in ein Verhältnis zu seiner

Welt und zu sich selbst und wird darin zu einem aktiven Gegenüber seiner vormaligen Insistenz, zum Benenner und Erkenner der geschaffenen Welt und seiner selbst. Es wird als ICH zu seinem *eigenen* Gegenüber.

Alles, was geschieht, kann nun benannt und in den sich neu zu bildenden Sprachraum eingetragen werden. Die gesamte bisher nur wahrgenommene und erlebte Welt wird aus der rechten Hirnhälfte noch einmal in die linke Hirnhälfte hinein gespiegelt und mit zeitlichen und räumlichen Strukturmerkmalen versehen. Dazu steht eine schon seit Geburt passiv erlernte, programmierte Ordnungsstruktur - sprich: *Grammatik*, zur Verfügung. Diese sorgt dafür, dass die wahrnehmbaren Dinge im Sprachhirn nicht nur symbolisiert werden, sondern dass auch ihre Beziehungen und zeitlichen Verläufe untereinander abgebildet werden. Jede vorher nur präsentisch erlebbare Situation wird nicht mehr nur bildhaft und emotional „erinnert“, sondern auch in dem differenzierten Zeit- und Raumgefüge unserer Sprache abgebildet und im Gedächtnis unseres Sprachhirns wiederauffindbar abgelegt.

Das Kind kann seine Erlebniswelt mit der Zeit immer mehr in Worten symbolhaft repräsentieren; sie wird *er-zähl-bar*. Sie kann abgebildet, in ein Sprachbild gemalt, weitervermittelt und im Sprachgedächtnis gespei-

Beispiel

Benedikt („Puschi“) erzählt dem Vater am Abend begeistert: „Puschi wrhrhaah macht!“ Er hatte sich immer wieder hinter der Tür versteckt und die Mammi, wenn sie hereinkam, mit einem „Wrhrhaah“ erschreckt. Und dann fährt er fort: „Mammi: Du, du!“ D.h.: Mammi hat nach gespieltem Schrecken immer wieder gelacht und gedroht: „Du, du!“ . Indem Benedikt sein Erlebnis dem Vater mitteilt, hat er eine gravierende Sprachleistung erfasst: Er hat ein bereits in der Vergangenheit liegendes, aber seinem Bewusstsein noch erinnerbares Ereignis in Sprache transformiert und es auf diese Weise in den mit seinem Vater geteilten Raum einer zeitlosen Vergegenwärtigung eingetragen. Dadurch ist dieses Erlebnis mit-teilbar, mit dem Vater teilbar geworden. An der Begeisterung, in der er seine Worte spricht, kann der Vater zugleich erkennen und miterleben, wie sehr das, was Benedikt erzählt, ihn innerlich bewegt - so sehr, dass er es gleich dreimal erzählen muss.

Beispiel

Jeder, der einen Hund führt, wird mir spontan beipflichten, dass Hunde träumen, und wird sich wundern, wie manche Psychoanalytiker dennoch auf die Idee kommen können, dass umso mehr Kinder nicht träumen können sollen. Wenn meines Hundes Beine im Traum zu zucken beginnen, wenn er dazu leise vor sich hin wimmert und jifft, so kann ich manchmal von außen erkennen, ob er im Traum gerade einen gefährlichen Hund oder anderen Angreifer oder etwa eine Katze vor sich hat. Warum sollte ein Kind seine vorsprachlichen Erlebnisse und Bilder, die im Episodengedächtnis abgelegt sind, nicht reaktivieren können?

chert werden. Dadurch entsteht neben den RIGs ein zweites, bewusstseinsfähiges Gedächtnissystem, in dem sich das erste reflektiert. Aber nicht nur das, sondern indem es sich reflektiert wird es durch die Struktur des Mediums Sprache zugleich in das apriorische vierdimensionale System der Kategorien der Sprache gegliedert, die in ihm den grammatikalisch geordneten Kosmos der uns bewussten Welt entstehen lassen.

In der Psychoanalyse ist der Ausdruck „Symbolgedächtnis“ zur Kennzeichnung des Sprachgedächtnisses gebräuchlich. Dieser Ausdruck ist ungenau, weil er „Sprache“ mit „Symbol“ gleichsetzt, und er ist falsch, weil er in Konkurrenz zu der Welt der wahrgenommenen Bilder tritt, die längst vor dem Sprechakt gesehen, erlebt, erinnert und geträumt und also auch zum Symbol werden können. Dieses einengenden Symbolbegriffs wegen gehen viele Psychoanalytiker auch davon aus, dass Träume in ihrer „Symbolik“ vom ICH sprachlich gebildet werden und Säuglinge deshalb gar nicht träumen können. Meine Überzeugung ist, dass sich in den Träumen zwar auch das ICH mitgestaltend betätigen kann, dass aber auch das implizite Gedächtnis schon vor der aktiven Sprachbildung Träume aus der Bildwelt der sinnlichen Erfahrung bildet. Der Traum „spricht“ insofern wie ein noch nicht sprechender, aber seine Welt in Bildern nichtsdestoweniger intensiv empfindender und erinnernder Mensch. Und wir lernen die Träume dadurch zu deuten, dass wir deren bildhafte Symbolik als reflexive Vorgänge seiner impliziten Erlebniswelt verstehen.

Das Selbst als ICH und als Objekt

Durch das Erlernen der Sprache entsteht die zentrale und spezifisch menschliche Fähigkeit im Kind, dass es zu sich selbst in ein kritisches, bejahendes oder verneinendes Verhältnis tritt. Das macht seine eigentliche geistige Potenz aus, in welcher es sich von allen anderen Kreaturen unterscheidet. Psychologisch sprechen wir von der ICH-Instanz, die in einem reflexiven Verhältnis zum Selbst des Kindes steht. Indem es seinen eigenen Namen ausspricht, hat es ein Bewusstsein seiner Selbst gebildet und ist damit zugleich in die Sprach- und Erkenntnisgemeinschaft der Menschen eingetreten. Das Kind kann sich selbst nun selbst „vorstellen", es kann sich als „lieb" oder „bös" bezeichnen, es kann sogar mit sich als einem Gegenüber seiner selbst in ein Verhältnis treten.

Als Selbst kommt es nun vierfach vor:

- Als angesehenes, gerufenes, mit Namen genanntes *Präjekt*, als DU, das sich im Benanntwerden und Erkanntwerden einfindet.
- Als gefühltes Kernselbst und somit als *Subjekt*, das seiner selbst als Erlebniseinheit bewusst wird.
- Im *Trajekt*, als WIR: als intersubjektives Selbst, das sich mit anderen Subjekten in Beziehung befindet und sich zusammen mit ihnen erleben und abstimmen kann.
- Als *Objekt*, das beobachtbar, beschreibbar und mit anderen gleichfalls von außen gesehenen Personen und Objekten vergleichbar ist.

Eine interessante Frage ist, ob das Freudsche „ES" überhaupt eine „Instanz" genannt werden kann oder ob es sich dabei nicht um eine grammatische Figur der Sprache handelt, durch die beschrieben wird, dass ein ICH einen internen Vorgang nicht insistent miterlebt, sondern ihn aus der existenten Position seines „erkennnenden" ICH - also im kritischen, objektivierenden Modus seines Selbstverhältnisses - wahrnimmt und beobachtet.

Indem das Kind sprachfähig wird, verändert sich seine Welt insofern radikal, als diese nun außerhalb seiner selbst als „objektive" Welt abgrenzbar wird. Und das Kind beginnt zu sich selbst in seiner „insistenten Welt" ein Verhältnis einzunehmen, in welchem es sich selbst als reflektierendes ICH außerhalb dieser seiner reflektierten Welt befindet. Es ragt sozusagen mit seinem Kopf aus seiner insistenten Welt heraus und wird sein eigener „Gott", insofern es den Modus des Objektivums auch sich selbst gegenüber gewinnt, so als ob es in seinem sprachstrukturierten Geist unabhängig von sich selbst als natürlichem Wesen wäre.

Damit entsteht zugleich auch ein entscheidendes Problem: „Die Sprache“ versucht zwar, die erfahrbare Wirklichkeit möglichst getreu abzubilden und entwickelt dazu ein differenziertes System, aber damit *unterwirft* sie die unmittelbar sinnlich erlebte Welt der Vorgänge und Ereignisse zugleich auch diesem ihrem grammatischen Gliederungssystem. Sie zerschneidet die Zeiten, ordnet Namen in unterschiedlichen Situationen unterschiedlichen „Fällen“ zu, bezeichnet einzelne Situationsaspekte in unterschiedlichen Wortkategorien, nimmt bestimmte Verbindungen in Satzstrukturen auf und lässt andere unberücksichtigt. Wesentliche Nuancen bildet die Sprache nicht oder nur unvollkommen „zwischen den Zeilen“ ab und sie erreicht nicht die Bild- und Erlebniskraft unmittelbarer Ausdrucksbewegungen und unmittelbaren Empfindens.

Dadurch zeigt sich die an Worte gebundene Sprache nicht mehr nur als ein dem menschlichen Leben von Beginn an eingewobenes geistiges System, sondern sie enthüllt sich auch in ihrer *Dialektik*, in welcher sie dem unmittelbaren und natürlichen Gewahrsein dessen, was geschieht, als ein *Bewusstsein* gegenüber tritt, das seine Regeln nicht aus der „natürlichen Assoziation der Dinge“, sondern aus der geistigen Ordnung des grammatisch strukturiertes Systems der Sprache bezieht.

Die Autoren *Matthias Kettner* und *Wolfgang Mertens* sprechen von zwei parallelen Hirnstrukturen, die das *emotionale Bildgedächtnis* einerseits und das *deklarative sprachliche Gedächtnis* andererseits repräsentieren.[41] Sie bezeichnen es als Fehler der herkömmlichen klinischen Psychologie, das notwendige Zusammenspiel der beiden Gedächtnisebenen nicht genügend zu berücksichtigen und zu behaupten, dass eine gesunde kindliche Entwicklung von der „emotional prozeduralen Kodierung“ des Gedächtnisses zur „symbolischen Kodierung“ voranschreiten müsse. Vielmehr entwickeln sich beide interaktiv zu immer weiterer Differenzierung fort. Ferner müsse die psychoanalytische Sichtweise durch die Erkenntnis korrigiert werden, „dass die Inhalte des nichtdeklarativen Gedächtnisses nicht psychodynamisch organisiert sind und folglich auch nicht im psychodynamischen Sinne verdrängt, geschweige denn bewusst gemacht werden können, sondern dass sie aufgrund von Konditionie-

[41] Matthias Kettner, Wolfgang Mertens, *Reflexionen über das Unbewusste* (Vandenhoek & Ruprecht: Göttingen 2010) 35ff.

rungsprozessen entstehen, wobei sich das prozedurale Gedächtnis ansatzweise schon pränatal entwickelt.“[42] Auf den Säuglingsforscher Allan Schore Bezug nehmend[43] konstatieren sie, man könne es als erwiesen ansehen, dass „die rechte Gehirnhemisphäre das neurobiologische Substrat des dynamischen Unbewussten, eines psychobiologischen affektiven Kerns bildet, der sich in den ersten Lebensjahren aufgrund affektregulierender Bindungserfahrungen herausbildet, während die linke Hemisphäre für die sprachvermittelten Kommunikationsvorgänge wesentlich ist.[44]“

Die präverbale, unmittelbare Wirklichkeitserfahrung wird übersetzt in verbal vermittelte „Sprachwirklichkeit“. Dadurch entstehen grundsätzlich zwei Versionen jeder Wirklichkeitserfahrung: Ihre primäre Reflexion der präsentischen Erfahrung im *episodischen Gedächtnis* und ihre sekundär überformte, erzählbare Erinnerung im *semantischen Gedächtnis.*

Die psychoanalytische Arbeit etwa bei traumatischen Erlebnissen besteht dann darin, die bisher nicht sprachlich erzählbaren Ereignisse, die wir aufgrund ihrer fehlenden Möglichkeit zur Versprachlichung „traumatisch“ nennen, möglichst erlebnis- und „erregungs-nah“ in Erinnerung zu bringen und gemeinsam mit dem Patienten sprachlich abzubilden, um sie auf diese Weise einem Nacherleben und ihrer Be- und Verarbeitung zugänglich zu machen. Mit dieser Versprachlichung geht von der Dynamik her gesehen zugleich Entscheidendes verloren: Das unmittelbare Erleben, dessen Resonanz im Selbst wir als „Gewahrsein“ bezeichnen. Es wird ersetzt durch die bearbeitbare und bewusstseinsfähige Reflexion des Geschehenen im sekundären sprachlichen Gedächtnis.

Meisterhaft nachempfunden wird die sich darin hintergründig abspielende Vertreibung des Selbst aus der Unmittelbarkeit der „paradiesischen Insistenz“ in einem Gedicht von Rainer Maria Rilke:[45]

---

[42] Ebd., 51.

[43] Allan N. Schore, Attachment, affect regulation and the developing right brain: Linking developmental neuroscience to pediatrics, in: Pediatrics in Review (2005) 26, 204-211. Schore ist Professor für Psychiatrie und Bioverhaltenswissenschften an der University of California.

[44] M. Kettner, W. Mertens, a.a.O., 63.

[45] Rainer Maria Rilke, http://rainer-maria-rilke.de/020088fuerchtemichso.html

Ich fürchte mich so vor der Menschen Wort
Sie sprechen alles so deutlich aus:
und dieses heißt Hund und jenes heißt Haus
und hier ist Beginn und das Ende dort.

Mich bangt auch ihr Sinn, ihr Spiel mit dem Spott,
sie wissen alles, was wird und war;
kein Berg ist ihnen mehr wunderbar;
ihr Garten und Gut grenzt grade an Gott.

Ich will immer warnen und wehren: Bleibt fern.
Die Dinge singen hör ich so gern.
Ihr rührt sie an: sie sind starr und stumm.
Ihr bringt mir alle die Dinge um.

Es bildet sich ein gegenständlicher *Außen*-Raum und eine Bezogenheit, die wir mit *Rosenstock-Huessy* (1888-1973) das *Objektivum* nennen und die auf verbaler Ebene hauptsächlich durch das *Perfektsystem* repräsentiert wird. In ihm tritt der und das Andere nicht mehr als ein *mit*-handelndes oder erlebendes Subjekt auf wie im *Trajektivum*, sondern als ein dem Subjekt gegenüber ab- und ausgegrenzter „Gegenstand", der grammatikalisch durch das *Akkusativobjekt* bezeichnet wird, was buchstäblich genommen „angeklagter Gegenstand" bedeutet.

Ich fasse den Entwicklungsprozess bis zu diesem Punkt zusammen:

> *Vor der sprachlichen Reflexion der Welt gab es für den Säugling nur die insistente Welt, in die er biologisch und psychisch eingebunden war. Das war zugleich eine pathische Welt für ihn, an der er in seinem impliziten Beziehungswissen teilnahm. Dies geschah in einer trajektiven Bezogenheit, die Stern das subjektive und intersubjektive Selbst nennt. Die trajektive implizite Bezogenheit stellt die insistente Basis für die spätere explizite trajektive Bezogenheitsform dar, welche sprachlich in den Kategorien des WIR und des Dativ dargestellt wird. Zunächst aber kommt es gegenüber der noch insistenten trajektiven Beziehungsform zu einem Bruch, indem eine ganz neue Bezogenheitsform entsteht, die wir die objektive Bezogenheit im Gegensatz zur trajektiven nennen. In ihr steht das Kleinkind nicht mehr teilnehmend, sondern „erkennend" der Welt gegenüber. Es tritt aus seiner insistenten Verbundenheit mit der Welt heraus und tritt ihr als existente, erkennende Person gegenüber.*

Es bildet sich, „materialisiert“ durch die Sprache, ein vergegenwärtigender geistiger Raum, in welchem die gesamte vergangene, gegenwärtige und zukünftige Erfahrungswelt potentiell als unzeitlich „gegenwärtige“ reflektiert und abgebildet werden kann. Das Subjekt dieses „Überraums“ nennen wir das ICH und sein Verhältnis zur Wirklichkeit nennen wir das *Reflexivum*. Damit entsteht die Welt der Gegenständlichkeit, die Welt des „IST“, des *Perfektivums*, das ist die Welt der naturwissenschaftlichen Erforschbarkeit, der Machbarkeit und des wissenschaftlichen Handelns zusammen mit dem subjektiven zeitfreien Raum des *Reflexivums*: dem Denkraum der Möglichkeit, des *Konjunktivums*.

Ödipuskonflikt und Sprachenwicklung

Es mag ja sein, dass das Kind in dieser Phase, in welcher es aktiv zu sprechen beginnt und damit in ein zweites referentielles Bezugssystem einstritt, an dessen Entstehen es aktiv teilhat, in einen zwar für uns Erwachsene zu erkennenden logischen Konflikt zu seinem ersten, impliziten referentiellen Bezugssystem gerät. Warum aber behaupten wir, damit entstehe zugleich der eigentlich aus der Mythologie zu erschließende wesentliche *Grundkonflikt*, auf den der einzelne Mensch in all der Zwiespältigkeit antwortet, die mythisch als *Hybris* und als *Sünde* beschrieben wird und die Freud als das Prinzip „Ödipuskomplex“ zum Zentralbegriff der Metapsychologie seiner Psychoanalyse erklärt?

Um deutlicher zu machen, was an Entscheidendem hier geschieht, zitierte ich eine längere Passage aus Daniel Sterns Buch „Tagebuch eines Babys“, in der er die Genese genau dieses Konflikts sehr einfühlsam nachzuvollziehen versucht:[46]

> „Als Joeys Mutter das Zimmer betritt und ihn mit den Lippen den Boden berühren sieht, ist er völlig in die Betrachtung das Sonnenstrahls auf dem Fußboden versunken, dabei verschwimmen für ihn Vergangenheit und Gegenwart. Joeys Mutter jedoch ist bestürzt, sie möchte ihn davon abhalten. Ihr Ruf ‘Lass das sein!’ ist wie ein Donnerschlag, der seine träumerische Stimmung brutal unterbricht. Alles steht still. Joeys Tagtraum verliert plötzlich alle Lebendigkeit, seine strahlend helle Wirklichkeit gefriert.

[46] Daniel N. Stern, *Tagebuch eines Babys*, übers. v. G. Erb (Piper: München, 1995), 133-135.

Joey weiß nicht, warum dies geschieht, und sucht in ihrem Gesicht nach einer Erklärung. Dort sieht er zunächst Abscheu und Zorn. In unerwarteten Situationen kann das menschliche Gesicht in Sekundenbruchteilen nacheinander verschiedene Gefühlszustände zeigen. Der anfängliche Ekel über die Tatsache, dass Joey mit den Lippen den Fußboden berührt, weicht bald dem Ärger darüber, dass er offenbar nicht weiß, was er da anstellt. Der Ärger verfliegt aber sofort, als sie sich darüber klar wird, dass er das natürlich noch nicht wissen kann und dass die Situation eigentlich rührend komisch ist. Liebe und Mitgefühl zeigen sich nun auf ihrem Gesicht. Wie jedes Kind verfolgt Joey diese wechselnden Gefühle in ihrem Ausdruck, kann diese aber nicht mit seiner unmittelbaren Erfahrung in Einklang bringen.

Nun kommt für Joey der schlimmste Teil dieses Erlebnisses. Seine Mutter hat sich von dem Schreck erholt und versucht nun, alles wieder gut zu machen. Dazu verwendet sie Sprache. Was aber geschieht dabei? Ohne es zu wollen zertrümmert sie fast systematisch Joeys vorsprachliche, ganzheitliche Welt Stück für Stück. Joeys Tagtraum vereinigt gleichberechtigte Elemente ganz verschiedener Sinnesmodalitäten: Intensität, Wärme, Vibration und Leuchtkraft. Wesentlich dabei ist, dass diese Erfahrung ihm nicht als visuelle Erfahrung bewusst wird. Doch genau das macht seine Mutter ihm deutlich. Ihre Worte ('Den darf man nur ansehen' ... 'Es ist nur Licht') schälen genau die Eigenschaften heraus, an denen Joey sein Erlebnis als ausschließlich visuelle Erfahrung festmachen muss. Dabei trennen ihre Worte die visuelle Wahrnehmung von dem globalen Fluss (fühlen-hören-berühren-sehen) ab, in den sie ursprünglich eingebettet war, und zerstückeln so Joeys ganzheitliche Erfahrung: 'aber das war doch mein See' ... 'ich habe ihn gehört und ich habe ihn auch gefühlt!'

Ihre nächsten Worte ('Es ist nur Licht auf dem Fußboden. Den Sonnenschein kann man doch nicht essen!') haben eine andere Wirkung auf Joeys Welt. Sie erklärt und analysiert die Situation. Günstigenfalls können Wörter dies besser als alles andere. Um eine Erfahrung zu erklären und zu analysieren, muss man sich von ihr distanzieren. Joey aber stand mitten in seiner Erfahrung, er sah sie nicht an, sondern erlebte sie unmittelbar. *Die Worte seiner Mutter zwingen ihn in eine gewisse Distanz zu seinem eigenen Erleben* [kursiv von mir].

> Indem sie den Sonnenschein immer wieder „schmutzig" nennt, reduziert sie die reichgefächerte, ganzheitliche Träumerei auf einen einzigen, noch dazu „negativen" Aspekt des Ganzen, so dass Joeys Tun nun zu einer verbotenen Handlung wird. Mit jedem weiteren Satz seiner Mutter zerbricht Joeys Welt immer mehr, der leuchtende Raum wird in Stücke geschlagen, bis schließlich überall die Scherben liegen.
>
> Während dieser Entwicklungsphase, in der Joey rasch den Umgang mit Sprache lernt, passieren ihm solche Dinge sicher täglich viele Male. Bei diesen Zusammenstößen der sprachlichen mit der vorsprachlichen Welt schafft er es zuweilen, die non-verbale Welt ein Stück weit hinter sich zu lassen und in die verbale Welt hinüberzuspringen [...] und damit eine neue, parallele Welt zu schaffen. Bei anderen Gelegenheiten erscheint ihm die vorsprachliche Welt als zu brüchig, als dass er einen sicheren Halt für den Absprung finden könnte. *Dann befindet er sich im Niemandsland zwischen der alten Welt, die keinen Halt mehr bietet, und der neuen Welt, in der seine Mutter jetzt gerade steht und die fern und befremdlich auf ihn wirkt. Er hat die eine Welt verloren, ohne die andere bereits erobert zu haben* [kursiv von mir]: 'Ich fühle mich nackt. Ich bin traurig und ganz allein.'
>
> *Solche Momente sind die Bruchstellen in der Erfahrung der Intersubjektivität zwischen Eltern und Kind* [kursiv von mir]. Joeys Mutter hat nur für einen Augenblick Joeys Sicht der Situation nicht mitfühlen können, und es gelingt ihr nicht, den Schaden zu beheben. [...] Nur Bezugspersonen, die sich wirklich in das Kind einfühlen können, sind in der Lage, ihm dabei zu helfen, *die beiden widerstrebenden Welten zu einer Einheit zu verknüpfen* [kursiv von mir]."

Dies ist ein Konflikt genereller Natur, an dem alle Teil haben, die einerseits „natürlicher Art" sind und andrerseits in der Welt der Sprache und der Erkenntnis leben. Es ist ein Konflikt zweier Systeme, zweier Welten, den nur der Mensch kennt. Joey erlebt hier das, was ich als seine *psychische Geburt* umschrieb. *Er wird aus der Insistenz in die Existenz vertrieben* und gerät damit genau in den Konflikt, den wir als ein von den Mythen beschriebenes Existential herausgearbeitet haben.

Um in den Bildern des Ödipusdramas zu sprechen und es dabei nach der Methodik der Traumdeutung zu deuten:

Das Kleinkind wird damit aus seinem Land der insistenten Einheit mit seinen „thebanischen" Eltern in die existente, neue Sprachwelt seiner „existenten Eltern", nach „Korinth" vertrieben. Es wird die sprachlichen Weltstrukturen seiner korinthischen Heimat schätzen lernen und zugleich in sich eine innere Sehnsucht nach einer früheren, verlorenen Heimat tragen. Es wird nach der Ganzheitserfahrung seiner Insistenz suchen und zugleich wird es seine Energie und Gestaltungskraft darauf richten, sich von dieser „Rückbindung" frei zu machen. Es will sie, „nach vorn" gerichtet, zugunsten einer neu zu erschaffenden „besseren" Heimat überwinden und wird in diesem Kampf das Land des Ursprungs seiner Sehnsucht zugleich zerstören.

Triangulierung

Zusammen mit der Sprachentwicklung entsteht ein zweites soziales System, das in das präverbale Beziehungssystem insgesamt verändernd eingreift und mit ihm in Konkurrenz tritt. Von diesem zweiten System her können nun ebenso neue soziale Beziehungen aufgebaut und in die Erfahrungssätze des impliziten Beziehungswissens der RIGs eingepflegt werden. Andere Personen können sich nun dem Kleinkind auch auf anderem Weg bekannt machen, nämlich über den Zugang der Sprache, und sich auf diese Weise mit ihm in ein abgestimmtes „trianguliertes" Beziehungsverhältnis begeben.

Die dritte Person im Problem der Triangulierung ist nicht nur einfach die dritte, sondern sie ist vor allem der Mensch, der nun von *Außen* in das vorsprachliche Beziehungswissen durch die Tür der Sprache hineinzugelangen versucht oder der zuvor aus dem insistenten Beziehungsverhältnis ausgeschieden wurde. Weil die Sprache nicht nur eine Verfremdung der primären Beziehungserfahrungen bewirkt, sondern auch die entsprechend emotionalisierten Situationen benennt, wird das gehörte Wort als Teil dieser Situationen zugleich auch Teil der Beziehungserfahrungen, die zusammen mit den RIGs im impliziten Beziehungswissen über diese Situation aufgerufen und verknüpft werden. Und nicht nur das, sondern wenn die entsprechenden Worte „treffend" waren, wenn sie sich darum mit dem entsprechenden Erlebnis in der Art eines Markers verbinden, kann über sie auch das zur Situation gehörige implizite Beziehungswissen wieder aufgerufen und einer Neubearbeitung zugänglich gemacht werden.

Der Vater als Dritter wird nicht nur als ein Selbst im Sinne eines DU und Gegenübers, sondern zugleich auch als ein *fremdes* Selbst erkannt, zu dem es aber über den neuen Weg der sprachlichen Abstimmung einen neuen und interessanten Zugang gibt. Er wird zum Prototyp einer Person, die zwar ähnlich nah wie die Mutter ist, zugleich aber doch aufregend anders. Ihm gegenüber mag die tiefe Gründung der impliziten, abgestimmten RIGs fehlen, dafür aber lassen sich mit ihm neue RIGs über das Medium der Sprache initiieren.

Zum Beispiel weint das Kind, als der Vater sich anschickt, in seine Arbeit zu gehen. Er nimmt es auf den Schoß und schließt ein „Bündnis" mit ihm, das es zunächst noch kaum versteht, vermutlich mit Ausnahme des verheißungsvollen Tones, den das Kind auch schon von der Mutter kennt:

> „Heute Abend, wenn ich nach Hause komme, bringe ich dir etwas Schönes mit."

Dann geht er, und das Kind weint im Trennungsschmerz noch um ihn. Aber die Mutter tröstet es und sagt:

> „Bestimmt bringt er dir etwas Schönes mit!"

Damit verschwindet die Szene aus dem Sinn des Kindes. Abends bringt der Vater einen Ball mit, gibt ihn dem Kind und sagt in seine Freude hinein beruhigend:

> „Siehst du, du brauchtest nicht zu weinen. Ich habe dir gesagt, dass ich dir etwas Schönes mitbringen werde. Ich habe dir einen Ball mitgebracht."

Auf diese Weise ruft er durch seine Worte die RIGs vom Morgen wieder auf und verknüpft mit ihnen die neuen RIGs der abendlichen Erfahrung.

Die Begegnungsreize, die unmittelbar sensorisch vom Vater ausgehen und damit im unmittelbaren Wahrnehmungszusammenhang damit deren Verstärkung durch die abendliche Wiederholung seiner Worte vom Morgen, rufen sowohl das primäre Erfahrungsgedächtnis als auch das sprachliche Gedächtnis auf, verknüpfen beide miteinander und schaffen auf diese Weise zeitüberbrückende Strukturen. Sie entwickeln eine neue, den *Präsens Indikativ* der unmittelbaren Begegnungserfahrung *überdauernde* Gedächtnisstruktur, die wir im *imperfektischen* Erzählstil abgebildet finden.

Hier wird also ein zweites dynamisches Erinnerungssystem aufgebaut, das zwar nicht so beziehungsintensiv wie das implizite ist, dafür aber nicht so sehr von situativen Reizen abhängig. Es ist zeitüberdauernd und so leicht abrufbar, wie es Worte und Sätze nun einmal sind.

Mir ist bewusst, dass ich die Frage der *Triangulierung* hier von ihrer üblicherweise inhaltlich an die Mutter- und Vaterfigur gebundenen Interpretation ablöse und sie einem mehr grundständigen Konflikt zuordne, der durch das zweite Beziehungssystem „Sprache“ in das Kleinkind eingeführt wird. Wenn man aber der Mutter als Symbol das erste, primäre implizite Beziehungssystem zuordnet und dem Vater als Symbol das sekundäre, explizit sprachliche, dann stimmt die psychoanalytische Theorie wieder. Denn mit der Sprache entsteht eine Dialektik, die das Kleinkind in die Konfliktlage bringt, sich entweder in die Geborgenheit und Vertrautheit des impliziten WIR mit der Mutter zurückzuziehen (ödipale Regression) oder sich progressiv in die unbekannte, fremde, gefährliche, aber zugleich verlockend interessante Welt des Vaters hineinzubegeben. Dass das Kind dieses beides kann, dass es die Möglichkeit wahrnimmt oder ihm die Notwendigkeit aufgedrängt wird, solch eine Entscheidung zu treffen, führt es selbst in die Situation als markiertes Drittes ein, nämlich als einen den beiden anderen Personen und Alternativen gegenüber „Anderen“.

Wenn wir diesen Konflikt nicht nur inhaltlich als Konflikt in der Beziehung zu den Elternpersonen interpretieren, sondern in erster Linie als einen grundsätzlich in dieser Zeit aufbrechenden Konflikt zwischen einem inneren und äußeren, primären und sekundären, impliziten und expliziten Beziehungssystem, dann wird er zugleich als der zentrale Grundkonflikt respektive als die zentrale Konfliktstruktur sichtbar, in welche der Mensch als Sprechender eintritt, und von der uns die Mythen und frühesten Erzählungen über den Menschen berichten.

Das Kind muss selbst ständig neu seine Einheit in diesem Konflikt finden und sich zu sich selbst oder auch gegen sich selbst für sein implizites Selbst oder sein explizites Selbst entscheiden. Diese innere Einheit und Stimmigkeit mit sich selbst und ihre äußere Repräsentanz in der Beziehungswelt und objektiven Welt kann von niemand anderem als von ihm selbst geleistet werden.

Die Triangulierungsproblematik verlangt vom Kind schon im Keim, dass es „Vater und Mutter verlässt“, um einen eigenen

Wege gehen zu können. Wenn aber das Kind für diesen Weg gewappnet sein soll, muss es in der Begegnung mit den Eltern in vorausgehenden trajektiven Bindungserfahrungen die Abstimmungsmöglichkeiten gelernt haben, die ihm ermöglichen, neue Beziehungen zu erschließen und in ihnen so zu agieren, dass es sich selbst nicht verliert.

Das narrative Selbst (ab 30. Monat)

Das Kleinkind hat in den vier vorausgegangenen Phasen die Basis der Grundstrukturen unserer Grammatik gelernt. Damit aber gerät es nun mit seiner erworbenen Sprachfähigkeit unweigerlich in eine neue, umfassende Erfahrung seines Grundkonflikts: Einerseits sind da seine unmittelbaren sinnlichen Erfahrungen als Basis seiner RIGs und andererseits gibt es da die in Worte gefassten Erinnerungen, die ihr Bildmaterial zwar auch aus dem unmittelbaren Erfahrungsgedächtnis beziehen, aber in ihnen wurde alles nach räumlich und zeitlich geordneten Regeln geordnet und zugeordnet, und vor allem wurden diese Erinnerungen nicht den impliziten Bewegungsintentionen der RIGs unterstellt, sondern nach ganz anderen „Sinnintentionen" geordnet, die expliziter Art sind und aus bewussten Beziehungskonstruktionen stammen. Damit unterstehen sie neben den grammatischen Regeln zugleich den Regulierungen des MAN mit seinen sozialen Tabus und Restriktionen. Das Kleinkind tritt als Sprechender in die Sprachgemeinschaft unterschiedlicher Selbste ein, deren jedes seine eigene implizite und explizite Erfahrung hat, und mit denen jeweils die explizite gemeinsame Weltsicht erst noch abgeglichen, geprüft und bewährt werden muss.

Gegen das implizite Gewahrsein und seine Abstimmungsprinzipien tritt nun also das „explizite Beziehungswissen" mit seinen anders geregelten Abstimmungsprinzipien an. Zunächst benutzt die Grammatik selbst ja nicht willkürlich anpassbare Regeln, sondern sie legt fest, wie das Gesprochene auf das bezogen werden muss, was wahrgenommen wird. Dadurch kann das Gesprochene „falsch" oder „richtig" sein. Das Kind muss insofern nicht nur seine Sprache lernen, sondern es muss im Beziehungskontext erfahren, wann es im Sinne seiner Bezogenheit auf seinen Hörer und im Sinne seiner Bezogenheit auf das Wahrgenommene „richtig" spricht. Ich denke, dass in diesem Strukturierungsprozess das wurzelt, was Freud als „zwanghafte Phase" beschreibt.

Hinzu kommt aber ein Weiteres: Das sprechende und verstehende Kind wird in den kulturellen Kanon seiner Familie als Beginn einer sich ständig erweiternden Sozialität eingeführt. Und es sieht sich unweigerlich einer regulierenden, sozusagen geheimen Überperson unterstellt, an der sich alle seine Gesprächspartner mehr oder weniger zu orientieren scheinen. Wir nennen diese „Überperson" in Anlehnung an Martin Heidegger das MAN.[47]

Es mag sein, dass dieses „MAN" dem entspricht, was Freud das *Überich* nennt. Aber ich folge in meiner Theorie des entscheidenden Grundkonflikts der These, dass das MAN nicht als eine Imago des Vaterbildes entwickelt wird, sondern dass es Sinnbild und Kern eines Menschenbildes unserer Sprache darstellt, das nicht erst vom Vater, sondern unbewusst über das System Sprache „mitgelernt" wird. Demgegenüber würde das introjizierte Vaterbild den Versuch des Kindes darstellen, sich dieses abstrakt wirksame MAN an seinem eigenen Vater zu vergegenwärtigen. Denn der Vater und alle weiteren „Er-wachsenen" orientieren sich - zumindest verbal - in geheimnisvoller Weise an dem, was man MAN nennt.

In der Phase des *narrativen Selbst* verlagert sich die Perspektive des Sprechens vom „richtigen Sprechen" in die Perspektive des *„Sinn*es" dessen, was gesprochen wird. Dabei geht es um das „Mündigwerden", um die gültige Teilhabe an der Gemeinschaft der Sprechenden beziehungsweise gültig über das Leben Sprechenden und auf das Leben Antwortenden. Im Vergleich mit den Freudschen Kindheitsphasen ist hier unschwer die Basis für das zu erkennen, was Freud die *genitale Phase* nennt, in welcher der so genannte *Ödipuskomplex* erstmalig zum Tragen kommt.[48]

Die Probleme und Aufgaben dieser Phase können dadurch entstehen,

- dass die wahrgenommene und empfundene insistente Welt des Kindes in Worten nur annähernd aussagbar ist;
- dass die gelebte und geschilderte Geschichte des Kindes einerseits und die von den Anderen wahrgenommene und erzählte Wirklichkeit dieser Geschichte andererseits nicht ineinander aufgehen, nicht übereinstimmen oder einander widersprechen;

---

[47] Martin Heidegger, *Sein und Zeit*, 16. Aufl. (Max Niemeyer: Tübingen, 1986).

[48] Siehe oben die Biblische Erzählung über Absalom, den Königssohn.

- dass das Kind mit seinen erzählten Geschichten seine Einfügung in die erzählten Geschichten der Anderen und deren Welt nicht findet;
- dass aus Gründen des Schreckens, der Scham oder der Angst bestimmte Erlebnisse nicht kommunizierbar sind, so dass neben der sagbaren Welt eine geheime und private Wirklichkeit entsteht. Diese kann sprachlich formulierbar, aber zugleich von der gemeinsamen Welt abgespalten sein, oder sie kann „unsagbar" (im Sinne des dynamischen Unbewussten) und damit unbewusst wirksam sein.

Daraus entstehen vielfältige Konflikte, die ständige mehr oder weniger bewusste Entscheidungen fordern. Da kann der „Das selbst regulierende Andere" in gewisser Hinsicht zu einem „Feind" werden, wenn er wichtige Erfahrungen des kindlichen Selbst nicht teilt, korrigiert, oder sie durch sein Einwirken bis zur Unstimmigkeit mit den RIGs des Kindes verändert. Andererseits können oft auch gemeinsame WIR-Erfahrungen mit den Erwachsenen nicht in adäquater Gemeinsamkeit mit diesen bearbeitet werden, sondern sie werden durch Sanktionen und Regeln vom gemeinsamen Erleben abgespalten. So entstehen unbewusste, verdrängte und abgespaltene Welten, als deren Steuermann sich das Kind in die Welt der Erwachsenen begibt. Das Kind muss zwangsläufig zu seinem eigenen Chairman werden und die Einheit seiner eigenen WIR-Welt mit seinem Kernselbstempfinden und der überpersonalen Welt des MAN in Einklang bringen.

Das heute gängige Thema von *Identität* und Identitätssuche und deren Herstellung, Findung und Bewahrung ist also nicht erst ein Thema „unserer Zeit", sondern es ist schon ein grundsätzliches Thema des Kleinkindes zu allen Zeiten. Es ist womöglich *das* zentrale Konfliktthema, für das jede Kultur ihre eigenen Lösungs- und Bearbeitungsmechanismen zu finden versucht.

Das Kind beginnt nun, Geschichten zu hören und zu erzählen. Über Hören und Erzählen wird das eigene Leben in die gemeinsame Geschichte und die gemeinsame Geschichte in das eigene Leben eingetragen. Es versucht, seine Erfahrungen, Phantasien und Vermutungen in diese Zusammenhänge einzuzeichnen, sie in das gemeinsame Gespräch und die in ihm akzeptierten Erzählformen einzubringen. Auf diese Weise bekommen sie Anteil an den größeren Geschichten der Familie und der Menschen und das Kind selbst wird Teil dieser größeren Geschichten.

In dieser Phase, welche *Maria Montessori* als eine „religiöse", das heißt als eine für die Rückbindung in die existentiellen Strukturen des Menschseins offene Phase sah, geht es dem Kind nicht mehr nur um die Frage nach dem „richtigen" Sprechen, Tun und Vergleichen, sondern es beginnt nach Hintergründen zu fragen, nach Sinn, Ursprüngen und Zielen. Es fragt: „Warum?" Es fragt nach Kriterien, Motivationen, Intentionen, um die es in den Geschichten geht, um deren Ablauf als *Sinnganzes*, als intentionales, auf ein Ziel hin strebendes (im Ursinn des griechischen „Telos" „teleologisch" gerichtetes) Ganzes zu erfassen. Dabei ist mit dieser „gerichteten Ganzheit" oder „Ganzheitlichkeit" wiederum die zeitliche Kategorie des Präjektivums als innere Zielgröße eines lebendigen Prozesses angesprochen, auf die er bezogen ist.

Die grammatische Zuordnung: Imperfektum, WIR

So gesehen muss man diese Phase des narrativen Selbst dem *Imperfektivum* zuordnen, der erzählten Teilhabe an der Wirklichkeit. „Erzählt" heißt dabei, dass sie „erinnert" wird und insofern schon vergangen ist. Zugleich ist sie aber noch lebendig erlebte, und insofern nicht vollendete Geschichte (im-perfekt). *Erzählend, berichtend, fragend, hörend entwirft das Kind seine geistige und soziale Identität im Rückblick auf seine Erfahrungen und gemeinsam mit seinem Hörer.*

Wir müssen uns klar machen, was es bedeutet, dass für dieses ICH nur *ein* Anker im eigenen impliziten Selbst besteht. Zur Vorbereitung seiner „psychischen Geburt" war es notwendig, dass die „Das Selbst regulierende Andere" seine impliziten Beweggründe erkennt und beantwortet, dass sie sozusagen die „antwortende Wahrnehmung" seinen entsprechenden Erlebnissen hinzufügt. Dadurch wurde das (Kern-)Selbstempfinden in seinem Fundament gebildet. Erst sptäer wird das Kind dann auch seiner selbst im Spiegel der Sprache des Anderen gewahr.

In einem zweiten Schritt kam dann hinzu, dass der Säugling sich zusammen mit der Mutter als ein WIR erlebte, indem sie gegenseitig ihre *inneren* Beweggründe auf dem Weg über ihre *Spiegelneuronen*[49] erlebten und sich diese gegenseitig bestätig-

---

[49] Vgl. Joachim Bauer, *Warum ich fühle, was du fühlst: Intuitive Kommunikation und das Geheimnis der Spiegelneurone*, 3. Aufl. (Wilhelm Heyne: München, 2006).

ten, korrigierten und modifizierten, also *abstimmten*. Dadurch erst wurde der psychische Raum eines gemeinsamen *trajektiven* Erlebniskosmos aufgebaut, der nicht mehr nur in Kontakten und Berührungen und dem Empfinden der eigenen Leiblichkeit besteht, sondern der als eine *Begegnung* angesehen werden muss, weil es in ihm um innere, nicht unmittelbar sichtbare Intentionen geht, um gegenseitiges intentionales Erkennen, das miteinander geteilt und abgestimmt wird.

Darüber hinaus wird dann das spätere ICH als Identitätsbewusstsein ja „nur“ aus den geistigen Strukturen von Worten, Sätzen und Geschichten bestehen. Aus ihnen leitet es sich ab. *So wird verstehbar, wie wichtig es ist, dass die erste implizite Welt des ICH und DU sich möglichst identisch auf der bewussten, expliziten Ebene abbildet und reflektiert. Denn sie bildet die lebendige Wurzel dessen, was wir Selbstbewusstsein nennen. Und dieses wird je lebendiger und fester gegründet sein, je mehr seine bewusste Selbstexplikation dem unmittelbaren und unbewussten Selbstempfinden, wie Stern es beschrieben hat, entspricht.*

Grammatisch gesehen ist mit dem verbalen und narrativen Selbst die Geburt des Säuglings erst zum Ziel gekommen. Denn erst wenn der junge Mensch nicht mehr nur ein Hörender ist, sondern zugleich auch ein Antwortender wurde, ist er zu einem gleichberechtigten Partner in der Sprachgemeinschaft der Menschen geworden; erst jetzt kann er aus einem pathischen DU auch zu einem ontischen ICH werden.

Das Sozialgrammatische System

Ich hatte in meiner vergleichenden anthropologischen Untersuchung über Ödipus und Kain als Ergebnis formuliert, dass sich die grammatische Struktur in Form von vier Grundkategorien für beide mythologische Erzählungen folgendermaßen aufbaut:

- Der Abgrund der Angst im Menschen, der sich den Göttern und der Natur gegenüber als Einzelner und Freier erkennt - im *Subjektivum.*
- Die Sehnsucht nach der verlorenen Einbindung in die Einheit der Gemeinschaft von Menschen, Natur und Göttern - im *Trajektivum.*
- Die Abwehr drohender Gefahren aus einer für den Menschen in ihrem Wesen fremd gewordenen undurchsichtigen, bedrohlichen Welt - im *Objektivum.*
- Das Wort des Gottes und dessen Erhörung als Quelle neuen Lebens mitten in dieser Welt - im *Präjektivum.*

> *Letztlich sagen die Mythen: Ein neues Trajektivum kann es für Ödipus und Kain nur geben als Frucht des Präjektivums, das aus dem Mund der Götter hervorgeht.*

- Die *Präjektive Bezogenheit* entspricht der DU-Person und den entsprechenden Kategorien des an das DU gerichteten Wortes: Name, Vokativ, Imperativ.
- Die *Subjektive Bezogenheit* entspricht dem ICH und als Handelndem dem Präsens Indikativ sowie im Reflexivum dem Konjunktivsystem.
- Die *Trajektive Bezogenheit* entspricht dem WIR und dem Imperfektsystem.
- Die *Objektive Bezogenheit* entspricht dem ES und dem Perfektsystem.

Wenn wir diese Kategorien der Mythen als *Existential* interpretieren, dann müssen wir fragen, welchen Erfahrungen in unserer Lebenswelt sie entsprechen, und wir müssen ihnen nicht nur einen Platz in Theologie und Seelsorge, sondern selbstverständlich auch in Psychoanalyse und Psychotherapie einräumen, wie es ja heute hie und da auch schon geschieht. Was dabei allerdings fehlt, ist die entsprechende Theoriebildung, die diesen kategorialen Raum auch prinzipiell der Psychoanalyse und Psychotherapie erschließt.

Das Kreuz der Wirklichkeit

Es geht also um diese Frage:

> *Wie kann ich die psychologische Wirklichkeit, wie die Mythen sie beschreiben, die wir erleben und von der wir sprechen, angemessen als Gegenstand von Psychoanalyse und Psychotherapie darstellen?*

Dazu eignet sich das „Kreuz der Wirklichkeit“ nach *Eugen Rosenstock-Huessy* als Denkmodell. Er hat es innerhalb seiner Soziologie und Sprachforschung entwickelt. Ich stelle es im Folgenden vor.[50]

Man denke sich die Wirklichkeit zunächst als ein noch ungegliedertes Feld, als ein irgendwie geartetes Chaos oder als eine Welt, von der wir noch nichts wissen. So sieht dieses Feld aus: Es ist leer. Nun beginne ich, über dieses Feld, über diese Wirklichkeit zu sprechen. Indem ich über sie spreche, trage ich in sie die grammatischen Kategorien meiner Sprache hinein, das heißt: während ich sie wahrnehme und über sie spreche, gliedert sich meine Wirklichkeit in die Kategorien, die mir durch die Grammatik meiner Sprache vorgegeben werden. Als Grundgliederung zeichne ich in das leere Feld der Wirklichkeit zuerst ein Kreuz: das „Kreuz der Wirklichkeit“. In der Mitte dieses Kreuzes stoßen vier *Kraftfelder* zusammen und mit diesen vier unterschiedliche *grammatische Grundkategorien*. Wir denken uns diese Unterscheidungen nicht aus, sondern sie sind uns mit unserer Sprache in deren Grammatik vorgegeben, längst bevor wir zu sprechen beginnen. Wir können sie uns als vier unterschiedliche geistige Kräfte und demnach auch als unterschiedliche Kategorien unseres Sprechens und Denkens vorstellen.

---

[50] Eugen Rosenstock-Huessy, *Die Sprache des Menschengeschlechts: Eine leibhaftige Grammatik,* in vier Teilen, 2. Teilbände, (L. Schneider: Heidelberg, 1963, 1964); Eugen Rosenstock-Huessy, *Soziologie,* Bd. 1: *Die Übermacht der Räume*, 2., durchges. Aufl. (Kohlhammer: Stuttgart, Berlin, Köln et al., 1968); Eugen Rosenstock-Huessy,*Soziologie,* Bd. 2: *Die Vollzahl der Zeiten*, 2., durchges. Aufl. (Kohlhammer: Stuttgart, Berlin, Köln et al., 1958).

Phase des auftauchenden Selbst: Vorwärts, DU

Das erste Kraftfeld ist das Feld dessen, was sich ankündigt, Rosenstock-Huessy nennt es „Vorwärts". In den alten Sprachen war das *Futur* nicht eine in die kommende Zeit projizierte Gegenwart („Du wirst kommen"), sondern die Sprachform für dieses Kraftfeld waren der *Vokativ* (Anruf) und der *Imperativ* (Befehl). Wir haben es in der *Phase des auftauchenden Selbst* als das Feld des *Namens* bezeichnet, bei dem man gerufen wird, und als Feld des *Vokativs* und *Imperativs*, also als die geistige Qualität, in der wir uns „gerufen" oder „angesprochen" ahnen, glauben oder wissen.

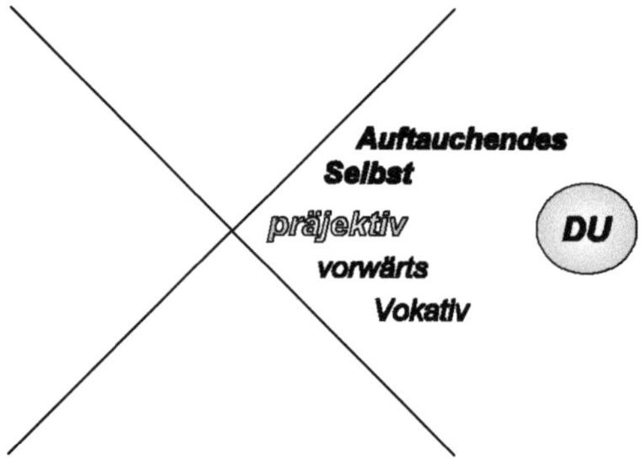

Diese Qualität ist dadurch gekennzeichnet, dass solch ein „Ruf" zwar in uns anklingt, dass wir ihn hören, aber die Stimme, die uns ruft, ist *nicht* in uns. Uns ruft ein Anderes oder ein Anderer. Und doch ist diese Kategorie des uns Rufenden die entscheidende Kraft, die uns voraus da ist und uns auch in unser Leben *hineinruft*. Wir beginnen unser Leben also nicht im *Singular*, sondern im *Dual*, und zwar als dessen pathischer Teil, der auf die oder den uns Rufenden und Versorgenden bezogen und auf sie oder ihn angewiesen ist. Bevor ich sprechen und „Ja" oder „Nein" sagen konnte, wurde ich „bei meinem Namen gerufen", und bevor ich „Ich" sagen konnte, war ich ein DU.

Das ist ein starkes Symbol. Es besagt:

> *„Wenn du wissen willst, wer du bist, dann musst du nicht denken, sondern du musst hören! Du musst die Rufe erkennen, die dich meinen, und sie zu unterscheiden lernen von den vielen anderen Rufen, die nicht dich meinen."*

Das *Vorwärts* ist eine Kategorie, die wir als „Ruf“ erfahren, etwas, das nicht aus uns kommt, aber doch von uns gehört und verspürt wird. Das ist eine Kategorie, die „etwas mit uns macht“, die uns aus unseren Träumen ruft, die uns in Bewegung setzt auf eine Intention hin, die sich durch unsere Einstimmung erst noch verwirklichen will. Wir müssen es „wagen“, uns ihr zu unterstellen, wir müssen dem Ruf gegenüber ein DU werden. Anders können wir nicht erfahren, ob dieser Ruf uns in das ihm intentional innewohnende Ziel führt.

Wir nannten diese Basisdimension das *Präjektivum* und wir erläuterten, dass sich die *Phase des Auftauchenden Selbst* in ihm zentriert.

Phase des Kernselbst: Innen, ICH

Aus dem Angesprochenwerden heraus zentriert sich das Wahrnehmen und Bewegen des Säuglings in der Sphäre, die wir als das *Selbst* bezeichnen (bei Stern „Kernselbst“) und die der Säugling in der Kategorie des *Präsens Indikativ* erfährt, das heißt im unverfälschten sinnlichen und umfassenden Erleben und zugleich Abbilden dessen, was *ist.*

Es gilt im Blick zu behalten, dass diese Sphäre sich im Säugling noch nicht reflexiv abbildet, dass sie von ihm also in keiner Weise „gedacht“ werden kann. Vielmehr „empfindet“ er sich unmittelbar und unreflektiert in Bezogenheit auf seinen „Das Selbst regulierenden Anderen“ und zu seiner Welt. Dieses insistente Weltempfinden wird im Gestaltkreis über sein eigenes Bewegen, das Wahrgenommenwerden durch seine Mutter und wiede-

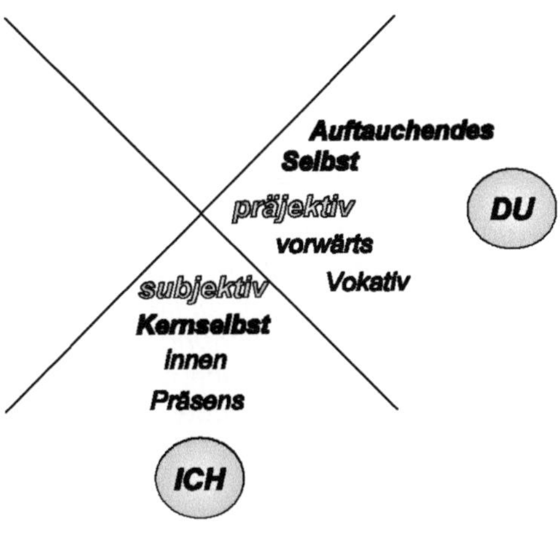

rum deren Rückmeldung, ihr Sprechen und Bewegen zur Basis und zum Kern dessen, worauf das Kind sich später als auf sein *Selbst* bezieht.

Grammatisch gesehen ist das *Selbst* ein reflexiver Begriff, der erst möglich wird, wenn sich das reflektierende ICH auf sich selbst als ein *Selbst* bezieht. Das Selbst ist also kein Substanzbegriff, sondern ein Verhältnisbegriff. Wenn wir von unserem Selbst sprechen, so beziehen wir uns damit auf eine Abstraktion als Ergebnis der Vielfalt von Selbstempfindungszuständen, deren wir uns erinnern. Darum können wir vom Selbstempfinden des Säuglings eigentlich nur in Anführungsstrichen reden. Denn der Säugling ist in diesem Alter nicht ein abstrahierendes oder sich reflektierendes Wesen, sondern eine unmittelbare, mit sich selbst identische Erlebniseinheit. Als solcher weint ein Säugling oder er lacht, aber er steht nicht im Verhältnis zu sich in dieser seiner Traurigkeit oder Freude.

In diesem *Kernselbsterleben* ist zwar von Beginn an die Unterscheidung des Kernselbstempfindens von anderen, in sich geschlossenen Objekten mitgegeben. Der Säugling fühlt aber noch nicht eine gemeinsame „Innerlichkeit“ mit anderen Subjekten. Dazu kommt er erst in der anschließenden Phase des *Subjektiven Selbst*, in der eine ganz andere und neue Kategorie entsteht, die wir das *Trajekt* genannt haben. Die Unterscheidung von ICH und DU dagegen ist ihm als angeborene Unterscheidungsqualität mitgegeben.

Das *Innen* als Kategorie ist auf das „innere“ Erleben des Hier und Jetzt gerichtet. Es ist *präsentisches Erleben* des Selbst in seiner Gegenwart. Insofern beschreiben wir diese Phase auch als die Basis der später empfundenen ICH-Identität, die im *Präsens Indikativ* erlebbar wird und sich in Abgegrenztheit gegenüber dem DU, WIR und ES versteht.

Phase des subjektiven Selbst: Rückwärts, WIR

Die Kategorie des *Trajektivums* ist das lebendig spürbare und er-innerbare Ergebnis stattgehabter Erfahrung. So kann sie schließlich zu einer *erinnerten*, *erzählten* Geschichte werden. Es geht um das *gemeinsame Beziehungswissen*, das aus untereinander sich abstimmenden und sich darin begegnenden Individuen entsteht und als grammatische Person im WIR und im *Dativ* seinen Ausdruck findet.

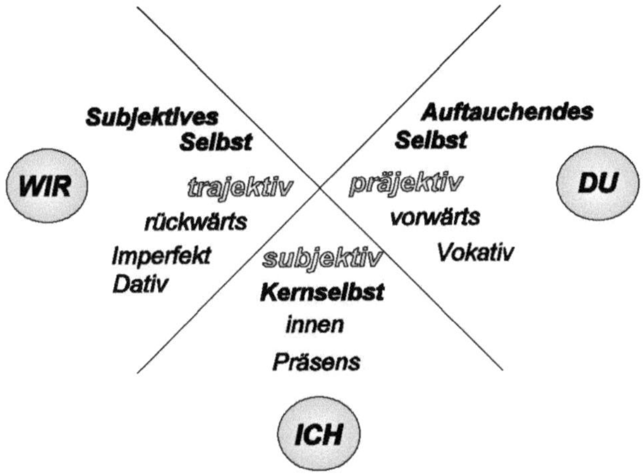

Als differenziertes Subjekt gemeinsame vorsprachliche Kommunikation mit einem anderen Subjekt zu erleben setzt voraus, dass die inneren Beweggründe sich diesem anderen Subjekt mitteilen und dass die Intentionen des einen Subjekts dem anderen erlebbar werden. Seit der Entdeckung der *Spiegelneuronen* bedarf solch eine Kommunikationsform keiner spekulativen oder esoterischen Begründungen mehr.

Von dieser Phase an befinden wir uns in ständiger Kommunikation mit unseren Sozialpartnern und konstituieren unser WIR-empfinden weitgehend über das uns nicht bewusste, implizite *Beziehungswissen.* In ihm ist unser Wahrnehmen und Bewegen in einem ständigen Gestaltkreis miteinander und mit dem des Anderen verbunden. Das eröffnet zugleich auch die Möglichkeit, dass wir nicht mit jedem und in allem „eins" sein können, und dass wir uns innerlich „fremd" gegenüberstehen oder auch voneinander distanzieren. Das sind die Themen dieser Phase der *(Inter-)Subjektivität.* Jetzt entsteht eine differenzierte Wahrnehmungsfähigkeit interkommunikativen, gemeinsamen Erlebens, die als Basis jede spätere soziale Gemeinsamkeit als ständiger innerer Abstimmungsprozess und als eigenständige Empfindungsdimension begleitet.

Indem die Psychoanalyse grundsätzlich Personen als „Beziehungsobjekte" ansieht und glaubt, „Beziehung" aus dem Verhalten zweier eigenständiger Subjekte zueinander konstruieren zu können, verkennt sie den Sachverhalt. Aus diesem (naturwissenschaftlich abgeleiteten) Missverständnis ist zwar ihr treffliches Handwerkszeug von *Projektion*, *Übertragung* und *Gegen-*

übertragung entstanden, aber zugleich wurde der Unterschied einer *objektiven* von einer *trajektiven* Beziehung in seinem Wesen nicht erkannt. Damit wurde auch übersehen, dass gerade dieser Unterschied und seine Verkennung einen entscheidenden Grund für die Probleme bildet, mit denen wir es in der Psychoanalyse und Psychotherapie zu tun haben.

Wir nannten diese Dimension unseres gemeinsamen Abstimmens und Erlebens das *Trajektivum* und zeigten auf, dass die Phase des*subjektiven Selbst* sich in diesem Erkennen, Bewegen, Abstimmen und Markieren zentriert. Wir können sie also auch als eine Phase beschreiben, in der es um die Entstehung eines psychischen Innenraums und *das Erleben differenzierter Gemeinsamkeit* geht.

Phase des verbalen Selbst: Außen, ES

Thema ist jetzt die Erforschung und Benennung der Lebenswelt als *objektiver Welt* und ihr Be-greifen in einem neuen Bedeutungsraum, dem Raum der *Sprache*. Diesem ersten Schritt in den Sprachraum des Benennens der Welt ordnen wir die Kategorie des *Objektivums* zu. Das Subjekt ist mit seinem „Objekt" nicht trajektiv in der Sprachform des *Dativ* verbunden. Der objektive Beziehungsmodus gegenüber der Welt ist vielmehr ein

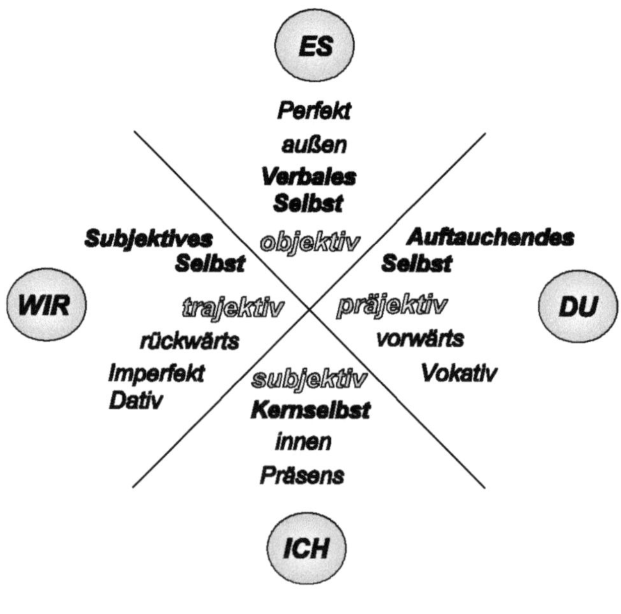

akkusativischer Beziehungsmodus und insofern prinzipiell anders als jeder vorher genannte Modus.

Wenn Stern sagt, dass es in der Phase des *(inter)subjektiven Selbst* um die „psychische Geburt" des Kindes geht, so müssten wir von der Phase des *verbalen Selbst* als seiner „geistigen Geburt" sprechen. Denn mit ihr tritt das Kind in den Raum ein, in welchem alle Dinge ihre bewusste, verbale Repräsentanz finden, und mit ihr zugleich beginnt der Säugling, sich auch selbst von „außen" aus der *reflexiven* Perspektive zu sehen. Die „geistige Geburt" des Menschen beginnt da, wo er zu sprechen beginnt und damit die Möglichkeit bekommt, die Welt einschließlich seiner selbst im Kosmos der Sprache und damit in seinen *Gedanken* reflektierend zu benennen und das so Benannte und Begriffene grammatischen Regeln gemäß miteinander in Beziehung zu setzen und zu ordnen.

Der biblische Satz „Und Gott der HERR machte aus Erde alle die Tiere auf dem Felde und alle die Vögel unter dem Himmel und brachte sie zu dem Menschen, dass er sähe, wie er sie nennte; denn wie der Mensch jedes Tier nennen würde, so sollte es heißen" (Gen. 2,19) ist insofern nicht einfach ein „schöner Mythos", sondern er sagt Grundsätzliches über den Menschen aus, nämlich dass er allein vor allen Kreaturen die Würde und Möglichkeit hat, die Erde und alles was in und auf ihr ist, zu *benennen*, dass er sie nun aber zugleich auch in der Form, den Namen und Kategorien seiner Sprache „wahr-nimmt". *Indem er sie wahr nimmt* und sprachlich „benennt", *hat er sie schon durch die Wahrnehmungskategorien seiner Sprache geprägt und verstanden. Diese Aussage ist eminent wichtig, weil sich daraus zugleich seine oft naiv anmutende Überzeugung ableitet, das, was er sieht, sei schon die Wirklichkeit und nicht erst die durch seine Wahrnehmung und Sprache „erzeugte" Wirklichkeit.*

Dramatischerweise beginnt das Kind damit nun auch sich mit diesem „Schritt in die Erkenntnis" aus der unmittelbaren *insistenten* Welterfahrung heraus und in die *existente*, objektive Welterfassung eines reflektierenden Subjekts hinein zu bewegen.

Zeit und Raum

In diesem Kreuz der Wirklichkeit gibt es also eine zeitliche Querachse und eine räumliche, senkrechte Achse. Wir als Subjekte sind in alle diese vier Kraftfelder der Zeit und des Raumes eingebunden. Sie erschließen sie sich uns in der Kindheit nacheinander in einer sich aufeinander aufbauenden Reihenfolge.

Die Wandlung durch den Spracherwerb

Mit dem Erwerb der Sprache in der Phase des *Verbalen Selbst* verändert sich der Charakter der anderen Kraftfelder. Sie verlieren die nicht-reflexive Unmittelbarkeit der Insistenz. Im *Präjektivum* geht es jetzt um die geistige Kraft, der wir *glauben* müssen, wenn sie sich durch uns in der Zeit verwirklichen soll. Es ist die Kraft, die in uns den Impuls zur Zukunft setzt, indem sie uns Perspektive und Hoffnung erschließt; es ist das, was wir fürchten und zugleich suchen, wenn wir fragen: Was ist meine Berufung? Was ist mein Auftrag?

Das nunmehr reflexive *Subjektivum* bildet jetzt den geistigen Raum, in dem wir für uns selbst denken und experimentieren und unsere Emotionen und Gedanken reflektieren. Es ist ein schier unendlicher Raum und eine schier unendliche Kraft, in der wir geistige-reflexive Welten bauen, erfinden, konstruieren, und zerstören. Wir nennen ihn jetzt das *Reflexivum.* An die Stelle des nicht-reflexiven Indikativs des Subjektivums tritt der *Konjunktiv.*

Das *Trajektivum* ist wiederum eine zeitliche Kategorie, aber eine ganz andere. Sie verbindet uns erzählend miteinander. Was wir erinnern und erzählen können, ist immer schon vergangen, ist immer schon *Geschichte.* Sie ist noch nicht fertig, wir erleiden sie noch, aber wir versuchen auch, sie erzählend und berichtend zu erkennen in ihrer eigentlichen Gestalt. Sie ist noch lebendiges, sich noch veränderndes, noch nicht vollendetes *Imperfektum.* Die erlebte Wirklichkeit ist immer schon gerade „vorbei", wenn sie erzählt werden kann. Ironisch kann man daher sagen: „Das WIR (des abgestimmten oder erzählten Imperfekts) ist immer von gestern". Die Wirklichkeit als unmittelbar Erfahrene wird dabei in ihre Sprachform und wohl auch in das Sprachhirn als *erinnerte* Gedächtnis-Wirklichkeit transportiert. Dadurch wird sie zu einer zwischen den Menschen reflektierbaren, konstruierten und rekonstruierbaren Wirklichkeit, die unabhängig von der Zeit ihres Geschehens in ihrer reflexiven Form besteht.

Für mich ist es eine faszinierende Erkenntnis, dass wir als Menschen unsere primär erlebte „Wahrheit", unsere „*Seins*-Wirklichkeit", durch die Sprache zu einer „*Schein*-Wirklichkeit" überkleiden - in genau der Weise, wie der griechische Mythos es beschreibt.

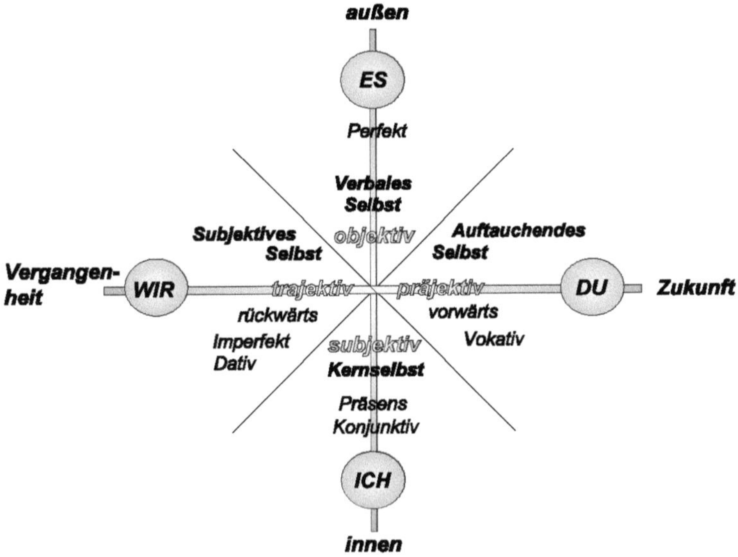

Die Frage nach der Identität

Wir finden uns selbst und damit unsere *Identität* von der Phase des Verbalen Selbst an in der *Integration* der vier Kraftfelder: Innen und Außen, Zukunft und Vergangenheit. Identität bedeutet demnach, dass wir mit unserem Selbst in der Mitte unserer Wirklichkeit *gegenwärtig* (präsent) sind, in der *räumlichen* Dimension des *Hier* zwischen Innen und Außen und in der *zeitlichen* Dimension des *Jetzt* zwischen Vergangenheit und Zukunft.

Identität ist das im Präsens Indikativ erfahrene Kernselbst des *Subjektivums* im *reflexiven* Status des sprachlichen Bewusstseins. Ihr Ort ist die Mitte des Kreuzes der Wirklichkeit. Von dorther müssen wir von der Vierfältigkeit unseres Selbst reden oder von dem vierfältig bestimmbaren Kraftfeld seiner Wirklichkeit: Wir sind identisch mit uns selbst, wenn wir in das Hier und Jetzt unseres Selbst als DU und ICH und als ES und WIR eintreten, wenn wir also ohne inneren Widerspruch implizit und explizit in seiner Mitte sind. Ethisch formuliert heißt identisch mit sich selbst zu sein, *seine Gegenwart auf sich zu nehmen, verantwortlich in sie einzutreten.*

- Wie trete ich in meine Gegenwart ein?
- Wie nehme ich mein Selbst auf mich?
- Wie werde ich meiner selbst gerecht?

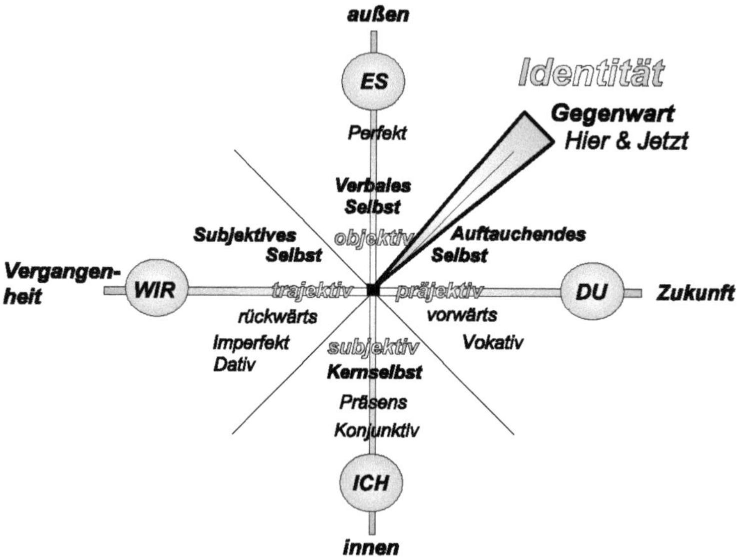

Grundformen der Angst

Die Frage nach der Identität bringt uns wieder mit der zweiten von Freud gesuchten Kraft unserer Existenz in Berührung: mit unserer *Angst* und mit der *Abwehr* unserer Angst.

Wie aber gestaltet sich das Manöver der Angstabwehr in uns? Wie konkretisiert es sich in psychoanalytischer Perspektive? Darauf gab *Fritz Riemann* (1902-1972) eine Antwort, indem er vier Grundintentionen der Angstabwehr beschrieb, in der wir auf die Herausforderung, in dieser Welt ein Selbst zu sein, reagieren. Er nennt sie die „Grundformen der Angst".[51] Sie stimmen mit den von uns aufgezeigten Grundkategorien einer psychologischen Grammatik überein. Riemann unterteilt die Angst in eine *hysterische*, eine *schizoide*, eine *depressive* und eine *zwanghafte* Grundform.

Wenn wir die Grundformen in den Zusammenhang unserer Analyse stellen, erfahren sie eine etwas andere Interpretation: Die ursprüngliche Angst bleibt Ausdruck des Geistes, der in ein Verhältnis zu sich selbst und zu seiner Welt gesetzt ist. In diesem Verhältnis ist sie nicht einfach nur „depressive", „schizoide", „hysterische" oder „zwanghafte" Angst. Sie ist vielmehr eine

[51] Fritz Riemann, *Grundformen der Angst: Eine tiefenpsychologische Studie* (Ernst Reinhardt: München, Basel, 1992).

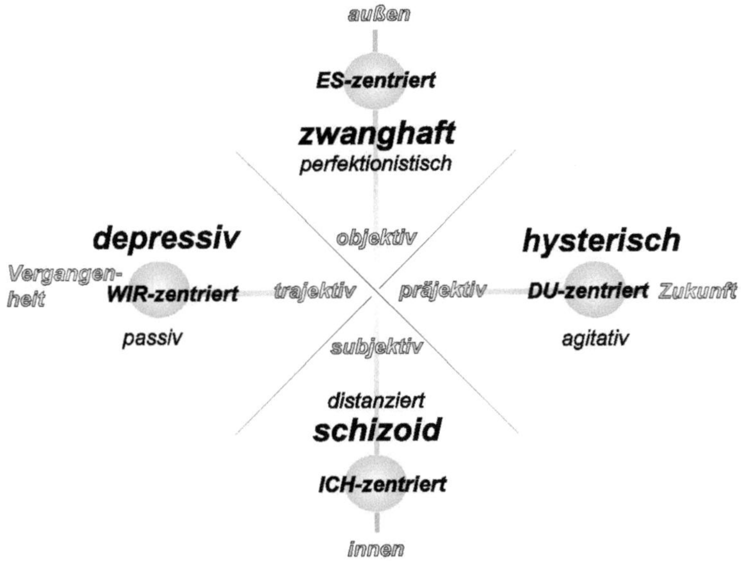

Grundbefindlichkeit, die uns Menschen eigen ist als solchen, die, wie Martin Heidegger es ausdrückt - „in das DA geworfen sind" und nicht anders können, als auf diese ihre Situation zu *antworten*. Jeder aber, so Riemann, wehrt sich gegen diese seine Grundangst gegenüber seiner Bestimmung, als ICH ein *Selbst* in dieser Welt sein zu sollen, in charakteristischer Weise, so wie es seiner Art entspricht. Insofern haben wir die Angst in zweierlei Hinsicht zu berücksichtigen, nämlich einerseits als ein Existential, das unser aller Existenz gleichermaßen bestimmt, und andrerseits als Form, in welcher wir jeder uns auf seine Weise ihrer Übermächtigung erwehren.

Diese Angst kommt auf, wenn uns im Zuge des Spracherwerbs und der Triangulierung die *Berufung* zugemutet wird, ein *selbstbewusstes* ICH zu werden. So sehr wir uns als geistige Wesen danach sehnen, unbegrenzt frei zu sein, so sehr fürchten wir andrerseits, uns der Aufgabe - das Selbst, das wir sind, zu sein - zu stellen. *Søren Kierkegaard* (1813-1855) versteht die Angst des Menschen als „Schwindel der Freiheit" oder auch als „Angst der Möglichkeit", als ein Existential, das dem Menschen mit seiner Geistigkeit in seinem Verhältnis zu sich selbst gegeben ist.[52]

---

[52] Søren Kierkegaard, *Der Begriff Angst*, aus d. Dänischen übersetzt u. mit Anmerkungen versehen v. G. Perlet, Nachwort U. Eichler (Philipp Reclam jun.: Stuttgart, 1992).

Zur Psychodynamik

Ich möchte hier das Erarbeitete noch einmal zusammenfassen:

Innerhalb der beschriebenen Phasen hat das Wahrnehmungssystem des Säuglings genau das gelernt, was er als Erfahrungsbasis braucht, um später grammatisch „richtig“ sprechen zu können. Er hat sich die Grundorientierungen in Zeit und Raum, das Empfinden für deren unterschiedliche Qualitäten und eine grammatisch strukturierte Weltwahrnehmung, einen Weltbegriff erworben.

Während dieser Entwicklung wurde seine Wahrnehmung durch die Sprache der Mutter und seine jeweils damit verbundenen Wahrnehmungs- und Gefühlserfahrungen nach den Kategorien strukturiert, nach der alle die gleiche Sprache sprechenden Menschen die Welt strukturieren. Es ist ein *Gestaltkreis*, an dem beide, Mutter und Kind, teilhaben und in welchem sich die Balance von Wahrnehmen, Erleben, Sprechen und Handeln in einer dialektischen Einheit, eben als Gestaltkreis, bildet.

Der Schritt vom Säugling zum Kleinkind vollzieht sich dann darin, dass der Säugling zu sprechen beginnt. Er wechselt in seiner Wahrnehmung aus dem impliziten vorsprachlichen Empfinden in das explizit sprachlich strukturierte Verstehen. Sein erster, biologischer Erlebniskosmos der unmittelbaren Selbst- und Welterfahrung findet nun seine Spiegelung (die alten Griechen würden sagen: sein Schattenbild) in dem reflexiven Sprachkosmos seiner Muttersprache. Aber er wird nicht nur aus einem stummen zu einem jetzt sprechenden Wesen. *Fast unmerklich vollzieht sich damit zugleich die entscheidende Revolution der menschlichen Entwicklung, indem sich das Kleinkind aus seiner impliziten biologischen Welt in die explizite, geistige Welt auch der Mitmenschen begibt.* Es verlagert seinen „ICH-Punkt“ in die „Welt der Sprache“. Ihm wird es ermöglicht, seine Welt aus einer distanziert reflexiven Perspektive wahrzunehmen. So gewinnt er zugleich Distanz zu sich und bildet seine Erlebniswelt weitgehend in der neuen Qualität sprachlich reflektierter Wahrnehmungen ab.

> *Die beiden Kosmen von erlebter Welt einerseits und besprochener und bedachter Welt andrerseits ergänzen, fördern und treiben einander, zuweilen stehen sie aber miteinander auch in heftigem Widerspruch. Doch kein Mensch kann in nur einem dieser beiden Kosmen leben.*

Die Dialektik beider Systeme bedingt zwar die wohl weit über alle anderen Kreaturen hinausragende Größe des Erkenntniswesens „Mensch“, aber zugleich auch seine sie alle übertreffende *Konfliktträchtigkeit*.

Als zu beiden Welten gehörendes Wesen versucht der Mensch die zwischen diesen beiden auftretenden Konflikte inner- oder außerhalb seiner selbst zu schlichten, indem er den Konflikt leugnet, verdrängt, kaschiert, einem Anderen zuschiebt oder ihn zugunsten nur einer Seite der in ihm wirkenden Konfliktanteile zu lösen versucht. Damit befinden wir uns genau in dem Gebiet, das die Psychoanalyse in ihrer Begrifflichkeit als *Psychodynamik* beschreibt.

Freud hat diesen Grundkonflikt unter dem Begriff des *Ödipuskomplexes* in genialer Weise erfasst. Zugleich konnte er aber dessen Dialektik nicht in die naturwissenschaftlich geprägte Begrifflichkeit seines Wissenschaftssystems integrieren. Wir kamen in unserer anthropologischen Untersuchung zu dem Ergebnis, dass sowohl die libidinöse Sehnsucht nach Einbindung und Geborgenheit als auch der zuweilen sich bis ins Unendliche steigernde Macht- und Sicherheitsanspruch des Menschen aus ein und demselben existentialen Grundkonflikt herzuleiten ist, nämlich aus der *Angst*, die mit des Menschen Übertritt aus der Insistenz in seine Existenz als eine bestimmende Kraft in sein bewusstes Leben eintritt.

Dieser Übertritt wird strukturell durch den Einzug der Sprache in den Wahrnehmungs- und Erlebnisraum des Kleinkinds vorbereitet und er wird dann als entscheidender Schritt vollzogen, wenn es sich auf die Seite der Sprache, der Erkenntnis, der Selbstdefinition durch seinen Geist begibt und sich als ein ICH in einem WIR - oder im tragischeren Fall als ein ICH unter Fremden - zu verstehen lernt.

Von da an haben wir es in der Entwicklung des Kindes mit zwei dialektischen Systemen unterschiedlicher Qualität zu tun. Es gilt mit Stern das *implizite* System des Gewahrseins und *explizite* System des Bewusstseins unterschieden.

Das *implizite* System kann uns als Erwachsenen dadurch bewusst werden, dass bestimmte Ereignisse, Gerüche, Bilder und Empfindungen ohne Einschaltung unseres Denkapparats unmittelbar ähnliche Erinnerungen aus irgend einer anderen Zeit, einem anderen Ort oder einer anderen Situation in uns wachrufen. Sie können Assoziationen in uns wecken, die wir längst vergessen hatten, die also unserem Sprachgedächtnis nicht oder nicht mehr zur Verfügung standen, die aber zugleich doch in einem assoziativen Wahrnehmungsgedächtnis gespeichert sind, zu dem eine Verbindung über unsere sinnliche Erfahrungen besteht.

In der Psychoanalyse machen wir uns dieses unserer Biologie einwohnende, nicht bewusste, aber implizit in unseren Bewegungen und unserem Bewegen „anwesende“ Gedächtnis zum Beispiel durch die Methode der „freien Assoziation“, der „Traumarbeit“, der „Imagination“, der „geleiteten Fantasie“, der „Gestaltarbeit“ und der durch sie ausgelösten Responsen des Patienten zunutze.

Dieses implizite Beziehungswissen und Beziehungsgedächtnis ist uns zwar nicht so wie unser explizites Sprachgedächtnis bewusst, aber dennoch ist es uns „näher“ als dieses, indem es in unserem Bewegen und dessen Intentionalität als wahrnehmbare Eindrucks- und Ausdrucksgestalt unmittelbar mitgegeben ist. In dieser Weise ist es auch nicht nur ein „privates“ Beziehungswissen, sondern es ist ein sich jederzeit in Abstimmung befindliches Gewahrsein seiner selbst und der anderen anwesenden Beziehungspersonen. Diese Form von Gewahrsein gehört zur „Natur“, das heißt zur Grundausstattung unseres Selbst auch schon im Säuglingsalter, in welchem wir zu uns selbst noch kein bewusstes, reflexives Verhältnis einnehmen.

Bis dahin befinden wir uns mit dem Säugling noch im Paradies seiner Insistenz. Aber schon in diesem Entwicklungsabschnitt kommt es zur Infiltration durch den „Drachen“ beziehungsweise die „Schlange“ der Sprache, die „klüger ist als alle Tiere des Feldes“, und die mit ihrer gespaltenen Zunge die grundsätzliche Zwiespältigkeit und Ambivalenz schon in unsere Insistenz hineinträgt. Denn innerhalb der Insistenz wirkt sie ja wie die alles durchwirkende Begleitmusik in allem Beziehungsgeschehen.

Wenn die mit dem Baby schäkernde Mutter in immer ähnlichen und doch sich ständig verändernden Lauten die Interaktionen zwischen ihnen beiden begleitet und miteinander verknüpft, dann webt sie dadurch in das pathische Erleben des Säuglings schon die Sprache ein.

Später wird es gerade diese Sprache sein und die durch sie entstehende Reflexivität des Kindes, die es dem Säugling ermöglichen wird, sich aus dem Paradies seiner mütterlichen Umsorgung in eine ganz andere hochinteressante Welt von Wissen und Erkennen zu befördern. Von dieser Erkenntniswelt her wird sich das Kind nach und nach an die Seite der „Mutter- und Vatergötter" stellen können und wollen. Es wird sich selbst als ein ICH verstehen und sein wollen wie sie, und es wird selbst herausfinden und erkennen wollen, was gut und was schlecht ist.

Mit der Sprache als völlig anderem Bezugssystem als dem biologisch gegebenen impliziten wird der Natur des Säuglings also eine revolutionär andere Dimension von Welterfassung eingeflößt. Er wird mit ihrer Hilfe viele seiner vorher nur impliziten Empfindungen explizieren können, und er wird beide Systeme, das des Gewahrseins und das des Bewusstseins, einander ergänzend und korrigierend und auch einander blockierend einzusetzen lernen.

Grundsätzlich als noch nicht „erkennendes" Kind befindet sich der Säugling innerhalb seines impliziten Wissens. Da sind alle Wahrnehmungen, Empfindungen und alle Emotionen, wie sie sind. Dann aber, angeregt und ermöglicht durch seine Sprachfähigkeit, entsteht zwischen dem impliziten und expliziten System diese Dialektik, in der er fähig wird, das „Gute" und „Schlechte" des nur implizit Gegebenen und des explizit Erklärten zu erkennen, zu steuern und zu bestimmen, und sich für das eine oder andere zu entscheiden. Und er wird die Eindrücke und Erfahrungen nicht mehr nur nach dem impliziten Wissenssystem zeitlos und assoziativ ordnen, sondern zeitliche Folgen von gestern und heute, vor dem Geburtstag und nach dem Geburtstag et cetera gliedern und strukturieren.

Wenn man sich den impliziten Kosmos als eine vom Geist Gottes belebte und durchdrungene Einheit von Natur und Kosmos vorstellt, dann tritt der in die Reflexivität der Sprache eintretende Mensch zugleich aus diesem Einheitskosmos heraus. Das Kind tritt dieser Einheit reflektierend gegenüber. Indem ES zum ICH wird, muss es dieses sein Verhältnis zu sich selbst und zu seiner Welt immer wieder von neuem seiner Erkenntnis gemäß bestimmen.

Freud sagt, dass das Kind dazu das *Über-Ich* entwickelt, das ein normierendes Wertesystem zur Beurteilung und Wertung seines Beziehungshandelns darstellt. Ich möchte an dieser Stelle lieber vom MAN sprechen, weil das so verstandene Über-Ich von sich aus schon eine aus vielen Personen abstrahierte, normierende „Allgemeinperson" darstellt, an der sich die Menschen in ihrem Umgang zu orientieren suchen und die dem Kind über die Sprache infiltriert wird.

Nicht einfach auf dem Wege einer abstrakten und dann doch wieder fast gegenständlich gedachten „Gesellschaft“ also, wie Marx und seine Gefolgsleute es wollten, sondern auf dem Weg, der sich von Geburt an als sprechend konkretisierenden Sozialität respektive der dieser Sozialität innewohnenden reflexiven Kraft der Sprache, kommen alle Erkenntnisse und Kulturleistungen in das sprachfähig gewordenen Kind hinein. Es lernt, seine Identität in diesem Erkenntniskosmos der Sprache zu definieren und baut als ICH ein kritisches Verhältnis von außerhalb seines impliziten Selbst zu diesem seinem Selbst und zu der Welt auf, die es umgibt. *Damit also tritt es aus der paradiesischen Einheit Gott-Natur-Mensch heraus und stellt sich ihr als eigener, allerdings hochflüchtiger, weil nur geistig reflexiver „Gott“ gegenüber.*

Weder die griechische noch die jüdische Mythologie dachte die materielle Welt aller Natur getrennt von den Göttern. Im Gegenteil, sie als *Mutter Materie* war vielmehr die weibliche Form des Gottes, die hervorbrachte, was Gott als „Worte“ in sie hineinrief. Aus dieser generativen geschlechtlichen Einheit wird der Mensch durch den Zweifel der Schlange oder des Drachens als einer geistigen, emanzipatorischen Kraft herausgetrieben:

- Bei Ödipus: „Bist du vielleicht gar nicht das Kind deiner Eltern?“,
- Bei Adam und Eva: „Sollte Gott gesagt haben?“
- Bei Kain: „Sollte Gott dich gegenüber Abel fallen gelassen haben?“

Von *Kain* wie von *Ödipus* wird die Kehrseite dieser emanzipatorischen Freiheit erst *nach* ihrer Aktualisierung erfahren: die Angst vor dem Abgrund seiner eigenen Möglichkeit tut sich erst auf, nachdem er zu einem freien Gegenüber Gottes und der Materie geworden ist, und nachdem er die zerstörerische Potenz seiner eigenen Macht erfahren hat.

Ödipus will mit seinem emanzipatorischen Schritt der Loslösung von seinen „falschen“ Eltern die Welt wieder „in Ordnung bringen“ und den Fluch über ihn auf diese Weise löschen. Er hat ein hohes ethisches Bewusstsein und setzt seine ganze Kraft dafür ein. Aber in seinem Kampf führt er gegen sein Wollen den zerstörerischen Kampf des Drachens gegen die Götter fort, bis er selbst in der Erkenntnis seiner todbringenden Existenz angekommen ist.

Das eigentliche Drama des Ödipusmythos als auch der Kains-Erzählung liegt somit darin, dass beide genau das, was zu verhindern sie sich vorgenommen hatten, mit Vehemenz selbst herbeiführen. Durch Kains Angst, verstoßen zu werden oder zu sein, setzt der Dämon in ihm genau das in Gang, was er befürchtet: Seine Verstoßung in die Fremde der „rastlosen Ruhelosigkeit" gegenüber Gott, der Natur und den Menschen.

Damit ist nicht nur die von Freud zeit seines Lebens gesuchte „zweite Kraft", die er hypothetisch „Todes- oder Destruktionstrieb" nannte, benannt, sondern auch die Energie, in der beide Kräfte wurzeln:

Die Angst des Menschen spiegelt den Abgrund, der sich in seiner emanzipatorischen Befreiung aus der Eingebundenheit in die Einheit von Gott und Natur in ihm auftut. Mit dieser Angst erwacht in ihm zugleich die Sehnsucht nach der verlorenen, ihn mütterlich umfangenden Geborgenheit und andrerseits die Hoffnung, über den Abgrund seiner Angst hinweg vom Vater in dessen Erbe und Auftrag berufen zu sein.

Dem Trieb der Libido Freuds zur Rückkehr in den Mutterschoß liegt der Mythologie nach eine regressive Geborgenheitssehnsucht nach erneuter Einbindung in die Natur als ihn umfassende und tragende lebendige Materie zugrunde.

Aber auch der Macht- und Überwindungstrieb, der die Überlegenheit des menschlichen Geistes und seiner Erkenntnis über die Materie betreibt, sucht zutiefst nach dem Geist, der ihn aus dem Tod ins Leben rief. Beide Formen der Angst und Angstbewältigung sind als reaktiver Ausdruck menschlichen Existierens auf die in seiner Existenz liegende Grundangst zu verstehen: aus der umfassenden Gemeinschaft von Gott, Mensch und Erde ausgeschlossen zu sein.

Der Mythos schildert den Geist, der den Menschen in diesen emanzipatorischen Prozess treibt, als einen, der ihn in Wahrheit zu einem Schänder der Materie macht, aus der er geboren ist, und zu einem Gegner des Geistes, der ihn aus dieser Materie zu seinem Gegenüber berufen hat.

Insofern steht dem biblischen Auftrag des Menschen, den Garten Gottes als Gegenüber Gottes zu bauen und zu bewahren, der *rebellische* Geist des Menschen gegenüber, der diese Welt nicht mehr als den *Garten Gottes* erkennt, sondern als leblosen *Gegenstand* („tote Materie"), dem er um seines eigenen Überlebens willen glaubt das wahre Leben einhauchen zu müssen.

Gerade darin besteht ja der „Abgrund der Angst" als „Schwindel der Freiheit": Zu wissen, wie Leben aussähe, und zu ahnen, dass dieses mit Gott als dem lebendigen Geist alles Seins zu tun hat, aber trotz besten Willens (bei Ödipus) und in höchster Verzweiflung (bei Kain) den Zugang zu ihm nicht zu finden.

Die Tragik oder das Verhängnis beider Erzählungen liegt darin, dass Ödipus und Kain beide zum Hören der Worte des Lebens aus Gott nicht in der Lage sind, solange die „dämonische", das heißt die angstgesteuerte, destruktive Aktivität noch in ihnen wirkt. Erst wenn diese an ihr Ziel gelangt und abgeklungen ist, sind sie wieder in der Lage, die Worte zu hören, die Gott als Worte des Lebens zu ihnen spricht.

So wird diese Angst, mit welcher der Mensch zu einem Einzelnen und um sich selbst Wissenden wird, zu einem Motor, der ihn veranlasst, sich als einen Ausgestoßenen zu verstehen, dem eine viel zu schwere Bürde auferlegt ist, und zugleich danach zu trachten, sie aktiv in regressiver oder progressiver Weise zu überwinden. Zugleich wird sie in ihm aber auch zum Appell, seine Bestimmung als freies Gegenüber Gottes in Demut, nämlich als auf ihn und sein Lebenswort Angewiesener, anzunehmen. Dieses würde aber bedeuten, sich zuerst seiner Angst in ihrem eigentlichen Wesen zu *stellen*. Denn anders kann ihm die Alternative des Wortes Gottes zu seinen verzweifelten Abwehrreaktionen nicht hörbar werden.

Mit der Sprachmündigkeit entsteht unser *Selbstverhältnis*. Wir werden frei zu bestimmen, welche Entscheidungen wir treffen und welche Schritte wir gehen wollen. Darin sind wir „unser eigener Gott". Aber in der so entstehenden Kluft zwischen unserer *insistenten* Natur und unserer *existenten* Geistigkeit tut sich auch die Möglichkeit auf, dass wir prinzipiell in einen Grundkonflikt mit uns selbst und unserer Umwelt geraten. Denn neben unserem Stolz, der übrigen Kreatur gegenüber wie ein Gott zu sein, finden wir in uns auch die Sehnsucht, von der Überforderung des eigen verantworteten Lebens befreit zu werden und uns im verlorenen Schutz unserer Insistenz zu bergen. Ferner finden wir die andere Sehnsucht in uns, zu erfahren, was unser Auftrag ist, was unsere Berufung, wie wir dem, zu dem wir potentiell geschaffen sind, gerecht werden können.

Diese beiden Formen der geistigen Antwort auf unsere Existenz hat Kierkegaard in der Formel, verzweifelt man selbst und verzweifelt nicht man selbst sein zu wollen, zusammengefasst. Diese *Grundlast* des Konflikts ist es, die Kierkegaard unsere „Verzweiflung“ nennt, deren Wurzel er in dem Grundexistential unserer geistigen Existenz, unserer *Angst* erkennt.[53]

Diese existenzphilosophische Sicht Kierkegaards kann meines Erachtens problemlos mit der psychoanalytischen Anthropologie Freuds zusammen gedacht werden.

Psychoanalytische Folgerungen

Die durch diese Untersuchung akzentuierte psychoanalytische Anthropologie sollte zumindest die Aggressionstheorie der Psychoanalyse differenzierend beeinflussen. Ebenso wird sie das, was ICH-Triebe genannt wurde, deutlicher bestimmen. Wir können unmittelbar besser verstehen, warum Freud und in welchem Sinne er sich berechtigt sah, die Libido und den Ödipuskomplex als „die“ zentralen, exemplarischen Konstrukte der psychoanalytischen Konzeption aufzufassen. Außerdem können wir die „andere Seite“, das Konstrukt von Widerstand und Verdrängung als eine ICH-Funktion und vor diesem Hintergrund auch den Sinn der mit ihr zu verbindenden Aggressionstheorie besser verstehen.

Vor dem Hintergrund der Anthropologie wird das grammatische Entwicklungsmodell zu einer differenzierenden *„Sozialgrammatik“*. Sie kann uns genauer beschreiben, welche Kategorien wir unterscheiden müssen und vor allem wird sie uns zeigen, wo sich die Psychoanalyse in dem selbst gesetzten Widerspruch, einerseits eine anthropologische Grundlage als Metatheorie zu beanspruchen, andrerseits aber eine Naturwissenschaft sein zu wollen, vergeblich abarbeitet. Während die Grammatik als Struktur unserer Sprache genau „weiß“, welche Kategorien sie für alles das, was wir wahrnehmen, beobachten und mitteilen wollen, bereithalten muss, „weiß“ das die Logik der Naturwissenschaft nicht. Wenn wir die wahrgenommenen psychischen Phänomene in unserer Sprache beschreiben, „zwingt uns“ die Sprache schon längst, bevor unsere wissenschaftliche Reflektion beginnt, die Sprachkategorien auf, in denen das Phänomen

---

[53] Søren Kierkegaard, *Die Krankheit zum Tode,* aus d. Dänischen übersetzt u. mit Anmerkungen versehen v. G. Perlet, Nachwort U. Eichler (Philipp Reclam jun.: Stuttgart, 1997 [1849]).

„richtig“ beschrieben ist, und verwehrt Verwechslungen, die uns aufgrund unserer unzureichenden oder unscharfen Beobachtungsgabe unterlaufen. Darum verstehen wir die Grammatik zugleich als eine *sozialpsychologische* Methode, die dem Gegenstand „Psychologie“ entschieden besser gewachsen und angemessener ist als das naturwissenschaftliche „Dampfmaschinenmodell“, das FREUD seinen Beobachtungen in dem Glauben zugrunde gelegt hat, er könne sie dadurch einer wissenschaftlichen Durchdringung und Bearbeitung zugänglich machen.

Wir wollen eine grammtische Differenzierung am Beispiel einer Beziehungsanalyse erläutern unter der Frage: Wie lässt sich der Psychologische Begriff der *Beziehung* in der sozialgrammatischen Methode darstellen?

Dieser Frage gehen wir anhand der von mir in diesem Buch mehrfach kritisierten Begrifflichkeit „Objektbeziehungen“ nach, den die Psychoanalyse benutzt, um damit familiäre und nichtfamiliäre psychologische Beziehungen zu beschreiben.

Das „Beziehungsobjekt“ in der Psychoanalyse

Dieser Begriff zeugt von einer grundlegenden Verwirrung und verhängnisvollen Ungenauigkeit oder einem begrifflichen Missverständnis in der Psychoanalyse. Er setzt voraus, dass sich in der alltäglichen Beziehungswelt die Personen als „Beziehungssubjekte“ und „Beziehungsobjekte“ begegnen und verstehen. Das mag in autoritären Strukturen gelten, es gilt auch in solchen Familien, die frühgestörte Kinder aus der Unfähigkeit zur Abstimmung im frühen Kindesalter hervorbringen. Das aber sind nach unserem Verständnis sehr eingeschränkte und verarmte *objektivische* Beziehungsverhältnisse, in welchen ein ICH seinem Gegenüber als einem eigentlich fremden ES gegenüber steht.

Wenn also die Psychoanalyse von „Beziehungs*objekten“* spricht, trifft sie damit eine vereinfachende und folgenschwere Aussage. Sie sagt im Gegensatz zur Grammatik, dass jede Beziehung, insbesondere auch die von Eltern und Kindern, Freunden und Verwandten sich im Modus des *Objektivums* abspielt.

Besonders die nahen Beziehungen in Familie, Freundschaft und Partnerschaft spielen sich zu einem Großteil aber im *Trajektivum* ab und sind zumindest empfindlich gestört, wenn in ihnen der Wechsel vom *Objektivum* ins *Trajektivum* und vom *Trajektivum* wieder ins Objektivum nicht jederzeit möglich ist und gelingt.

Ich erwähnte oben, dass perverse sexuelle Beziehungen häufig durch den Wunsch motiviert sind, aus einem ausschließlich objektivistischen Beziehungsverhältnis in ein trajektives zurückzufinden, dass sie sich dann zumeist aber in der Tragik des grammatischen Existentials verstricken, dass das Objektivum sich nicht durch vereinnahmende Handlungen in ein *Trajektivum* verwandeln lässt.

Ich denke, dass vieles, was wir in der Psychotherapie im ersten Anflug als „Frühstörung" charakterisieren, grammatisch entsprechend als Unfähigkeit beschrieben werden kann, aus dem *Objektivum* ins *Trajektivum* zu wechseln. Auch die Hypertrophie[54] von Sexualität hat häufig gerade damit zu tun, dass auf dem Weg über die Sexualität ein präjektiver Neuanfang gesucht und eine Tür in den Raum des *verlorenen Trajektivums* aufgestoßen werden soll.

Aus der Herrschaft solcher tragischen Beziehungsverhältnisse soll der Patient ja befreit und nicht etwa in ihnen perfektioniert werden. Er soll nicht zu *einem* „besseren" objektivischen Beziehungsverhältnis hin therapiert werden, sondern er muss in ein *Selbstverhältnis* geführt werden, das ihm ermöglicht, zumindest alle die Beziehungsverhältnisse zu spüren und eingehen zu können, die ihm grammatisch als *personale* Beziehungsverhältnisse qua Präjektivum, Trajektivum, Objektivum und Reflexivum-vorgegeben und möglich sind.

Auch das psychoanalytische *Setting* ist ein auf das *Objektivum* reduziertes *objektivistisches und objektivierendes* Beziehungsverhältnis mit dem Zweck, den Patienten aus seiner ursprünglich angstinduzierten Verstrickung zunächst auf die Insel des *Objektivums* zu retten, um ihn über den Zwischenschritt des reflexiven *Subjektivums* zur Wandlungsfähigkeit in allen unterschiedlichen Beziehungsformen zu befreien.

Im psychoanalytischen Setting nimmt der Analytiker darum die Haltung des „neutralen, leidenschaftsfreien Beobachters" ein, also eine reflexive, sich außerhalb des ES des Patienten befindliche ICH-Rolle.

Der Patient aber soll sich auf die erlebend assoziierende ES-Rolle einlassen, um seine inneren Beweggründe dem ICH des Analytikers auf diesem Wege zu veräußern. So kann der Analy-

---

[54] Übersteigerung.

tiker seine Beweggründe als „Äußerungen“ wahrnehmen, er kann die Logik ihres Zusammenhangs studieren und seine daraus abgeleiteten Rekonstruktionen dem reflexiven Subjekt des Patienten mitteilen, damit dieser sie auf ihren Wirklichkeitsgehalt und ihre innere Übereinstimmung mit seinen eigenen Erfahrungen prüfen kann.

Das aber ist eine labormäßige Anordnung, die einem bestimmten *Präjektivum,* nämlich der Theorie und der aus ihr abgeleiteten Methode der Psychoanalyse, geschuldet ist. Dadurch agiert der Analytiker dem Patienten gegenüber somit zwar als Subjekt, als reflexives ICH, aber zugleich entzieht er sich bewusst dem von diesem - und manchmal auch vom Analytiker selbst - eigentlich gewünschten *präjektiven* oder *trajektiven Begegnen.* Nur indem er im beobachtenden *Objektivum* bleibt, kann er von „außen“ die Logik der Verstrickungen des Patienten entschlüsseln.

Der Patient indes wird in seinem ihm nicht bewussten oder nur vorbewussten Kampf um Beziehungsaufnahme zum Analytiker ganz auf seinen Mechanismus der „Projektion“ zurückgeworfen - da der Therapeut ja nicht oder zumindest kaum wahrnehmbar auf seine Beziehungsangebote und Assoziationen reagiert - und beginnt dadurch seine seine Beziehungswünsche oder -befürchtungen in Form von Projektionen zu aktivieren und zu verbalisieren. Das wiederum lässt den Analytiker die „innere Beziehungsdynamik“ des Patienten am Beispiel seiner eigenen Person erkennen.

Indem nun der Therapeut seine objektiven Erkenntnisse dem Patienten als Deutungshypothesen zur Verfügung stellt, stärkt er ihn in seinem ICH gegenüber seinem ES. Er liefert in der Art eines „Geheimdienstes“ dem ICH des Patienten also das Aufklärungsmaterial, das diesem die bessere Wahrheit und die Macht über die ausgesperrten Motive seines ES vermittelt. Auf dieser Grundlage werden also die Abwehrmechanismen des Patienten durch seinen Therapeuten in gezielter therapeutischer Absicht umgangen.

In Zusammenhang mit der dem Therapeuten vertraglich zustehenden Interpretationshoheit birgt dieses aber zugleich eine Gefahr in sich: Dass der Patient nämlich wiederum die für lebendige zwischenmenschliche Beziehungen notwendige Abstimmung in einer trajektiven Beziehung *nicht* erfährt, sondern hauptsächlich lernt, Beziehung durch Reflexion, Projektion und Rekonstruktion zu ersetzen. Das heißt:

Der Patient wird durch die Psychoanalyse mit einer „reflexiven Überlebensfunktion" seines ICH ausgestattet, welche die trajektive Beziehungswelt zeitweilig und notdürftig zu ersetzen, nicht aber längerfristig zu erübrigen vermag.

Eine zweite Gefahr kommt hinzu, wenn der Analytiker auch die alltäglichen Beziehungen, seine eigenen und die seines Patienten, nach dem Schema im Objektivum ansieht und interpretiert. Er unterliegt damit selbst dem verhängnisvollen Irrtum, auf dem die Neurose als zwischenmenschliche Erkrankung generell basiert: Er verwechselt reflexiv reduzierte, logisch abgeleitete Deutungszusammenhänge mit dem psychosozialen Beziehungsgeschehen, das sich als *Beziehungswirklichkeit* zwischen uns Menschen abspielt.

Das Ziel aber der Therapie muss sein, den Patienten aus dem hilfsweisen Labor psychoanalytischer Praxis und deren Bedingungen in dessen vielfältige Beziehungswirklichkeit zurückzuführen und sie ihm zu erschließen, anstatt ihn zu lehren, sie durch die psychoanalytischern Laborvariablen zu ersetzen.

Das psychoanalytische Programm des ICH seinem ES gegenüber heißt: „Wo ES ist, muss ICH werden!" Das impliziert: Dieses, was ich an oder in mir nicht verstehe, obwohl es sich aktiv in mir abspielt, dieses ES muss in den Bewusstseinsraum und damit in den reflexiven Verfügungsbereich meines ICH, also nach Innen geholt werden, damit ich seine ihm eigene Logik verstehen und die Herrschaft über dieses ES, dieses mir fremde Geschehen, wiedergewinnen kann.

Reflexive logische Gedanken aber, mögen sie noch so zutreffend sein, sind nicht deswegen zugleich lebendige Beziehungswirklichkeit. Solange ich als ICH meinem ES nur reflexiv, projektiv und regulativ begegne, verrate ich zugleich, dass ich noch in der problematischen Spaltung zwischen ICH und ES in mir verharre, die in mir ja gerade überwunden werden soll, und dass ich in eigentlich zwanghafter Weise mein Verhalten reflexiv kontrolliere. Stattdessen wäre das Ziel aber, dass ich dem eigentlichen und ursprünglichen *An-Spruch* in mir nicht mehr als meinem zu „regulierenden ES" begegne, sondern mich Ihm als meinem DU *ver-antwortlich* stelle.

Sozialgrammatisch kann eine Erneuerung nur dadurch geschehen, dass ich mich durch mein *Präjektivum* in die Kategorie meiner „Zeit", und das heißt letztlich: als „Antwortender" ins DU rufen lasse. Das Präjektivum ist die Kategorie dessen, was sich „zeitigt", was sich in mir zugleich als ein Gerufenwerden ankündigt und mich in die Position des antwortenden ICH ruft. So, als *gerufenes* und antwortendes ICH entsteht das Selbst, zu dem wir *berufen* sind.

Der „Objektbeziehungsbegriff", wenn er als eine Art Lebenshaltung aufrecht erhalten wird, führt gerade an dieser Sozialgrammatik des Beziehungsgeschehens vorbei. Das entbehrt nicht einer gewissen Tragik, weil die Psychoanalyse in ihrem Kern eine „Beziehungswissenschaft" ist oder sein will - oder vorgibt, eine zu sein.

Martin Buber (1878-1965) hat das, was wir das *Objektivum* nennen, als die ICH-ES-Beziehung beschrieben, wogegen er das, was wir das *Präjektivum* und in der Folge auch das *Trajektivum* nennen, unter dem Gesichtspunkt der ICH-DU-Beziehung zusammenfasst.[55] Im *Trajekt* bilden die beiden *Subjekte* eine gemeinsame, *inter-subjektive* Einheit.

Wenn nun das eine Subjekt *das andere* (Akkusativ!) Subjekt nimmt, formt, verändert, bedenkt, behandelt et ceterea, dann sagt die Grammatik: Nun als Handelndes transformiert das Subjekt sein *trajektives* Verhältnis zu seinem Mitsubjekt in ein *objektives* Verhältnis und macht es zum behandelten *Objekt*.

So befinden sich auf der Raumachse des *Kreuzes der Wirklichkeit* Psychoanalytiker und Patient in ihrem je eigenen Raum, und beide Räume sind von unterschiedlicher Qualität. Der Psychoanalytiker sieht sich im *Innen* und den Patienten im *Außen*. Der Patient ist das *Objekt* des Psychoanalytikers. Der Psychoanalytiker ist das den Patienten behandelnde *Subjekt*. Das heißt: Sie beide zusammen stehen im Verhältnis des *Objektivums* zueinander. So wenigstens geht es aus der Sozialgrammatik hervor.

[55] Martin Buber, *Ich und Du,* 13. Aufl. (Lambert Schneider: Heidelberg, 1997).

Quellennachweise

Aptovitser, Avigdor. *Kain und Abel in der Agada, den Apokryphen, der hellenistischen, christlichen und muhamedanischen Literatur.* R. Löwit: Leipzig, 1922.

Bauer, Joachim. *Warum ich fühle, was du fühlst: Intuitive Kommunikation und das Geheimnis der Spiegelneurone.* 3. Aufl. Wilhelm Heyne: München, 2006.

Buber, Martin. *Ich und Du.* 13. Aufl. Lambert Schneider: Heidelberg, 1997.

Camus, Albert. *Der Mythos von Sisyphos.* Rowohlt: Hamburg, 1979.

DeCasper, Anthony J., Fifer, William P. Of Human Bonding: Newborns Prefer their Mothers' Voices. In: Science, New Series (1980) 208/4448. 1174-1176.

Fromm, Erich. *Anatomie der menschlichen Destruktivität* . Deutsche Verlags-Anstalt: Stuttgart, 1974.

Haushofer, Marlen. *Die Wand.* List: Berlin, 2012.

Heidegger, Martin. *Sein und Zeit.* 16. Aufl. Max Niemeyer: Tübingen, 1986.

Kettner, Matthias, Mertens, Wolfgang. *Reflexionen über das Unbewusste.* Vandenhoek & Ruprecht: Göttingen 2010.

Kierkegaard, Søren. *Der Begriff Angst.* Aus d. Dänischen übersetzt u. mit Anmerkungen versehen v. G. Perlet. Nachwort U. Eichler. Philipp Reclam jun.: Stuttgart, 1992.

Kierkegaard, Søren. *Die Krankheit zum Tode.* Aus d. Dänischen übersetzt u. mit Anmerkungen versehen v. G. Perlet. Nachwort U. Eichler. Philipp Reclam jun.: Stuttgart, 1997 [1849].

Riemann, Fritz. *Grundformen der Angst: Eine tiefenpsychologische Studie.* Ernst Reinhardt: München, Basel, 1992.

Rosenstock-Huessy, Eugen. *Die Sprache des Menschengeschlechts: Eine leibhaftige Grammatik.* In vier Teilen. 2. Teilbände. L. Schneider: Heidelberg, 1963, 1964.

Rosenstock-Huessy, Eugen. *Soziologie,* Bd. 1: *Die Übermacht der Räume.* 2., durchges. Aufl. Kohlhammer: Stuttgart, Berlin, Köln et al., 1968.

Rosenstock-Huessy, Eugen. *Soziologie,* Bd. 2: *Die Vollzahl der Zeiten.* 2., durchges. Aufl. Kohlhammer: Stuttgart, Berlin, Köln et al., 1958.

Daniel Friedrich Schleiermacher. *Der christliche Glaube: nach den Grundsätzen der evangelischen Kirche im Zusammenhange dargestellt.* 1. und 2. Bd. Hg. R. Schäfer. 2., aktual. Aufl. De Gruyter: Berlin, New York, 2008 [1830/31].

Schore, Allan N. Attachment, affect regulation and the developing right brain: Linking developmental neuroscience to pediatrics. In: Pediatrics in Review (2005) 26. 204-211.

Sophokles, *König Ödipus,* in d. Versmassen d. Urschrift ins Dt. übertr., u. mit Anm. versehen von Curt Woyte (Reclam: Leipzig, 1952)

Stern, Daniel. *Die Lebenserfahrung des Säuglings.* Mit einer neuen Einleitung des Autors. Übers. aus dem Amerik. v. W. Krege. Bearb. v. E. Vorspohl. 10. Aufl. Klett-Cotta: Stuttgart, 2010.

Stern, Daniel N. *Tagebuch eines Babys.* Übers. v. G. Erb. Piper: München, 1995.

Tulving, Endel. Episodic and Semantic Memory. In: Tulving, Endel, Donaldson, Wayne (Hg.). *Organization of Memory.* Academic Press: New York, London, 1972. 382-402.

Weizsäcker, Viktor von. *Der Gestaltkreis: Theorie der Einheit von Wahrnehmen und Bewegen.* Mit einer Einführung v. R. Denker. Suhrkamp: Frankfurt a.M., 1973.